徐洋·编著

工科类
论文写作实用指导

PRACTICAL GUIDANCE FOR
ENGINEERING PAPER WRITING

上海科学技术出版社

内 容 提 要

本书面向广大工科类学生包括本科生、研究生，是一本全面、系统、实用的论文写作指导手册。内容涵盖了论文撰写需要遵守的学术规范、学生在学期间可能遇到的文献综述编写、科技查新、开题、学位论文撰写、期刊论文撰写等多项内容。全书注重理论与实践相结合，既详细介绍了论文写作的基本理论和方法，又结合具体案例进行了分析和讲解。希望阅读本书后，读者能够更好地理解和掌握论文写作的技巧和规范，从而在实际写作中灵活运用、举一反三。

本书读者对象涵盖高等院校工科类专业的本科生、硕士及博士研究生，以及有撰写论文指导需要的工程技术人员、社会读者等。

图书在版编目（CIP）数据

工科类论文写作实用指导 / 徐洋编著. -- 上海 : 上海科学技术出版社, 2024.6
ISBN 978-7-5478-6661-0

Ⅰ. ①工… Ⅱ. ①徐… Ⅲ. ①工科（教育）— 论文 — 写作 — 自学参考资料 Ⅳ. ①H152.2

中国国家版本馆CIP数据核字(2024)第110611号

工科类论文写作实用指导
徐 洋 编著

上海世纪出版(集团)有限公司
上 海 科 学 技 术 出 版 社 出版、发行
(上海市闵行区号景路159弄A座9F-10F)
邮政编码 201101 www.sstp.cn
常熟高专印刷有限公司印刷
开本 787×1092 1/16 印张 10
字数：210千字
2024年6月第1版 2024年6月第1次印刷
ISBN 978-7-5478-6661-0/TB·22
定价：88.00元

前　言

在学术研究的道路上，论文写作不仅是知识的传递和积累，更是研究成果的展现和学术价值的体现。对本科生、硕士及博士研究生而言，论文写作是一项至关重要的任务，它不仅是学术训练的重要环节，更是获取学位、迈向职业生涯的关键一步。因此，如何撰写一篇高质量的论文，对于广大学子具有重大的现实意义和指导价值。

随着学术研究的不断深入和学术规范的日益严格，论文写作的要求也在不断提高。一篇优秀的论文不仅需要内容充实、论证严密，还需要格式规范、语言准确。这就要求学生不仅要有扎实的学术基础，还要掌握论文写作的基本技巧和规范。然而，在实际的写作过程中，许多学生往往由于缺乏系统的写作指导和经验，论文质量不尽如人意，甚至影响了学术研究的进展和成果的发表。

针对这一现状，本书应运而生。本书旨在为广大工科学生提供一本全面、系统的论文写作指导手册，帮助他们掌握论文写作的基本技巧和规范，提高论文写作的质量和效率。本书内容涵盖了学位论文、科技期刊论文以及开题报告等学生培养期间的各种论文类型，为工科学生提供全方位的写作指导。

本书撰写特点如下：

1. 理论与实践相结合。作者结合自己长期教授本科生和研究生论文写作课程之心得体会，既详细介绍了论文写作的基本理论和方法，又结合具体案例进行了分析和讲解。通过这种方式，读者可以更好地理解和掌握论文写作的技巧和规范，从而在实际写作中能够灵活运用、举一反三。

2. 提纲挈领，重点突出。本书针对工科论文常见难点，进行了深入剖析和解答，结合案例和撰写经验为广大工科学生"扫雷""避坑"。此外，本书还注重工科生的全过程指导，从选题、开题到期刊论文、毕业论文写作等全过程提供指导，帮助工科学生提高写作效率和论文质量。

在撰写本书过程中得到了博士研究生解国升、张熠鑫、周竹馨、吕晓，硕士研究生武晓蒸等同学的帮助，他们在收集材料、格式检查等方面做出了很大的贡献。希望通过本书的指导，每一位工科学生都能够顺利完成论文写作任务，展现出自己的研究成果和学术价值。

希望本书可以帮助广大工科学生提高论文写作的质量和效率，顺利完成学业并迈向更广阔的学术和职业生涯。同时，也希望本书能够成为学术研究和论文写作领域的一本重要参考图书，为学术界的繁荣发展贡献一份力量。

徐 洋

目 录

文以气为主，气之清浊有体，不可力强而致。譬诸音乐，曲度虽均，节奏同检，至于引气不齐，巧拙有素，虽在父兄，不能以移子弟。

盖文章，经国之大业，不朽之盛事。年寿有时而尽，荣乐止乎其身，二者必至之常期，未若文章之无穷。是以古之作者，寄身于翰墨，见意于篇籍，不假良史之辞，不托飞驰之势，而声名自传于后。故西伯幽而演《易》，周旦显而制《礼》，不以隐约而弗务，不以康乐而加思。夫然则，古人贱尺璧而重寸阴，惧乎时之过已。而人多不强力，贫贱则慑于饥寒，富贵则流于逸乐，遂营目前之务，而遗千载之功。日月逝于上，体貌衰于下，忽然与万物迁化，斯志士之大痛也！

——曹丕《典论·论文》

第1章 绪论

文场笔苑，有术有门。务先大体，鉴必穷源。乘一总万，举要治繁。思无定契，理有恒存。

——刘勰《文心雕龙》

随着知识经济的不断发展，学术研究与论文写作已成为评价一个国家科研水平、教育质量和学术创新能力的重要指标。论文写作不仅是学术研究成果的展现，更是学术思维、研究方法和知识积累的综合体现。在全球化背景下，学术交流与合作日益频繁，高质量的论文写作已成为学术传播和影响力扩大的关键。提升论文写作技能，掌握规范的文献管理与综述方法，对于科研人员、教育工作者和学生都显得尤为重要。本章将首先介绍工科常见的学位论文、综述论文、调研报告论文，其次介绍学术道德规范，最后介绍工科类论文写作的语言注意要点、论文的写作准备及流程。

1.1 论文的概念

论文，作为一种严谨的学术写作形式，其核心在于对特定主题或问题展开深入且系统的研究与分析。这一过程通常建立在扎实的研究基础、充分的证据支撑以及严密的逻辑推理之上，向学术界或特定领域的专家展示作者独到的见解、创新的理论、实验结果或切实可行的解决方案。论文不仅是作者对已有知识的梳理与整合，更是其通过独立研究获得新知识或新见解的重要载体。在论文的撰写过程中，作者需要运用科学的方法论，确保研究的严谨性和可靠性。同时，作者还需要结合自身的学术背景和专业知识，对研究对象进行深入剖析，提出独到的观点或解决方案。高质量的论文不仅能够丰富学术界的知识库，也是作者学术能力和研究成果的重要证明。

1.2 论文的类型

论文的类型多样，根据写作目的和应用场景的不同，可以分为学术论文、学位论文(包括学士论文、硕士论文、博士论文)、综述论文和调研报告等，每种类型都有其独特的结构和写作要求。

1.2.1 学术论文概述

1.2.1.1 学术论文定义及特点

1）学术论文定义

学术论文是在学术期刊上发表的文章，是对某个学科领域中的学术问题进行研究后，记录科学研究的过程、方法及结果，旨在分享新的研究成果和理论见解，用于进行学术交流、讨论或出版发表，或用作其他用途的书面材料。学术论文是学术对话的重要组成部分，允许学者、研究人员和专业人士交流发现，挑战现有的知识和推进学科发展。

2）学术论文特点

学术论文具备学术性、科学性、创造性和理论性等特点：

(1) 学术性。体现在其严谨的研究方法、深入的主题探讨和对学术规范的遵循上。学术论文旨在对特定学术领域或议题提供深刻的见解和分析，其不仅是为了解决实际问题，更重要的是扩展和丰富现有的学术知识库。学术论文需要作者对相关文献进行广泛而深入的回顾，以确保研究的深度和广度，并基于此提出新的见解或研究结果。

(2) 科学性。为学术论文的基石，要求研究过程符合科学的方法论，包括确立清晰的研究假设、采用适当的研究方法、进行严格的数据收集和分析，以及得出可靠的结论。科学性确保了研究的客观性、可重复性和可验证性，使得研究结果具有普遍性和可信度。此外，科学性还要求作者在研究过程中保持批判性思维，识别并控制可能的偏差，确保研究结论的有效性。

(3) 创造性。为学术论文区别于其他类型论文的关键特点之一，体现在提出新的理论观点、研究方法或解决问题的新途径上。创造性要求作者不只是停留在现有知识的总结和回顾上，而是要能基于对现有知识的深入理解，提出原创性的见解、发现新的研究领域或提出创新的研究方法。这种对新知的追求不仅推动了学科的发展，也促进了学术界内思想的多样性和创新性。

(4) 理论性。体现在其对理论的探讨、验证和发展上。无论是理论研究还是实证研究，学术论文都是为了对现有理论进行深入分析，验证理论的适用性或提出理论上的新见解。理论性要求研究不仅能够解释和预测现象，而且能够对理论框架进行扩展，提供新的理论视角或深化现有理论的理解。通过对理论的深入探讨和发现，学术论文促进了学科知识体系的完善和理论的创新。

通过遵循学术性、科学性、创造性和理论性的原则，学术论文不仅为学术界提供了验证和探索新知的平台，也为社会的进步和发展贡献了重要的智力支持。

1.2.1.2 学术论文目的及结构

1）学术论文目的

学术论文的主要目的是在特定的学术领域内分享原创研究、理论见解、实验结果或学术讨论。其旨在扩展现有知识，通过提供新信息、新见解或对现有理论的新解释，贡献于学科知识体系的扩展；促进学术对话，通过发表结果和见解，与学术界的其他成员进行讨论和交流；支持或反驳理论，通过实验证据或逻辑论证，支持或挑战现有的理论或观点；通过研究尝试回答学术领域内尚未解决的问题。

2）学术论文结构

学术论文结构通常包括以下几部分：

（1）标题。准确反映论文内容的简洁语句。

（2）摘要。简短地总结研究的目的、方法、结果和结论，字数通常在150～250字。

（3）引言。介绍研究主题、背景信息、研究问题和研究的重要性。

（4）文献综述。评述相关研究，确定研究空缺，建立研究的理论基础和背景。

（5）方法。详细描述研究设计、数据收集和分析方法，确保可重复性。

（6）结果。呈现研究发现，通常包括统计数据、图表和图形。

（7）讨论。解释结果意义，将发现与先前研究相比较，讨论其对理论和实践的影响。

（8）结论。总结研究发现，提出研究限制和未来研究方向。

（9）参考文献。按照特定的引用格式列出所有引用的文献。

1.2.1.3 学术论文撰写步骤

学术论文的撰写与发表，是学术研究过程中不可或缺的一环，它不仅是作者对其研究主题深入理解和原创贡献的集中体现，更是推动学术进步、促进知识交流的重要途径。通常撰写步骤如下：

（1）选题和文献综述是首要步骤，作者需要精心挑选一个具有研究价值的主题，并通过广泛的文献综述，确定研究的范围和方向。这一过程有助于作者深入理解研究领域的前沿动态，避免重复劳动，确保研究的创新性和实用性。

（2）研究设计是确保研究质量和准确性的关键环节，作者需要根据研究的主题和目标，选择合适的研究方法，制定详细的研究计划。

（3）合适的研究方法能够确保数据的可靠性和有效性，为后续的数据收集和分析奠定坚实的基础。数据收集和分析是学术论文撰写的核心部分，作者需要按照研究设计的要求，收集相关数据，并运用适当的统计方法进行分析，这一过程需要严谨的科学态度和扎实的专业知识，以确保分析结果的准确性和可靠性。

（4）在撰写和修订阶段，作者需要根据分析结果，逐步完成论文的各个部分，包括引言、文献综述、研究方法、结果呈现和讨论等。在修订过程中，作者需要反复检查论文的逻辑性、清晰度和表达准确性，确保论文的整体质量。论文提交给期刊后，通常会经历严格的同行专家评审过程，这是学术论文发表前的重要环节。评审者会对论文的创新性、研究方法的合理性、数据分析的可靠性以及论文的学术价值等方面进行评价，作者需要根据评审者的反馈，对论文进行必要的修订和完善，以提高论文的发表成功率。

总之，学术论文的撰写与发表是一个严谨而复杂的过程，需要作者具备扎实的专业知识、严谨的科学态度和良好的写作能力。

1.2.2 学位论文概述

学位论文是学位申请者为申请学位而撰写的论文，其考核申请者是否具备被授予所申请学位的资格，是应届毕业生为了获得学位而完成的研究项目。学位论文是学生在导师的指导下，将其专业学科的理论基础、知识和技能综合应用于独立进行的科学研究之中，旨在探索特定现象或解决具体问题，通常是对某个学术领域内特定问题的深入研究。学位论文不仅展示了学生的研究能力和专业知识，还反映了他们解决复杂问题和独立工作的能力。学位论文的种类主要包括学士论文、硕士论文和博士论文，每种论文在目的、深度和范围上都有所不同。

1）学士论文目的及意义

学士论文也称为本科毕业论文，是高等教育体系中本科学习阶段的一个重要组成部分。它是学生在本科学习期间的知识积累、技能掌握和研究能力培养的综合体现。学士论文的目的是验证学生对其专业领域的理解，以及应用所学知识解决问题的能力，范围一般相对较窄，通常聚焦特定的问题或研究领域。学士论文要求学生在一位或多位教授的指导下进行，为学生提供研究方向和反馈，但相比硕士和博士论文，学士论文研究的深度和原创性可能较低。

撰写学士论文的意义如下：

（1）知识和技能的综合运用。学士论文要求学生将所学的理论知识和实践技能应用到具体的研究项目中，处理和解决实际问题，展示其综合运用所学知识的能力。

（2）研究能力培养。通过独立的研究活动，学生能够学习如何系统地收集和分析数据，如何批判性地思考，以及如何有效地表达自己的观点和研究成果。

（3）学术贡献。虽然学士论文的学术深度和创新性可能不及硕士和博士论文，但它仍旨在对其研究领域做出贡献，提出新的见解或解决方案。

（4）完成标志。完成并通过学士论文的答辩是获得本科学位的必要条件之一，标志着学生正式完成了其本科学业。

学士论文不仅是学生学术研究能力的一次重要检验，也是其未来职业生涯或进一步学术追求的重要基石。通过撰写学士论文这一过程，学生不仅能够深化对特定学科领域的理解，还能够培养思考、分析、沟通和解决问题的技能，这些都为未来的个人发展奠定基础。

2）硕士论文目的、结构及撰写意义

硕士论文是硕士研究生教育中的重要组成部分，它是对硕士研究生在学习阶段所学的知识、掌握的科研方法和科研能力的检验。硕士论文的完成，表明作者在本门学科上掌握了坚实的基础理论和系统的专业知识，对所研究课题有新的见解，并具备了从事科学研究工作或独立承担专门技术工作的能力。撰写硕士论文，不仅能够帮助硕士研究生巩固和深化所学的理论知识，还可以通过科研实践活动，提高解决实际问题的能力。

硕士论文结构一般包括摘要、引言、文献综述、研究方法、结果和讨论、结论和参考文献等几部分；撰写过程一般包括选题与开题、研究设计、数据收集和分析、撰写修订和答辩这几部分。与学士论文相比硕士论文的要求更高，论文的内容和格式需严格按照学术规范进行，鼓励提出新的观点、方法和技术。硕士论文的研究应具有一定的实际应用价值，能够解决实际问题，且避免抄袭，必须保证论文的原创性，对引用的内容要正确标注来源。

撰写硕士论文的意义如下：

(1) 验证学习成果。硕士论文展示了学生在硕士学习期间的学习成果，包括理论知识的掌握和科研能力的培养。

(2) 培养科研能力。通过对硕士论文的研究和撰写过程，学生能够在导师的指导下学习科研方法，提高科研能力和创新思维。

(3) 解决实际问题。很多硕士论文围绕着行业中的实际问题进行，通过此研究过程为解决具体问题提供理论支持和实践方案。

撰写硕士论文不仅是完成学业的要求，更是学生展示其学术研究能力、批判性思维、沟通技能和创新能力的重要途径。通过这一过程，学生能够为自己的职业生涯打下坚实的基础，同时也为学术界做出自己的贡献。

3) 博士论文目的、核心及撰写意义

博士论文也称为博士学位论文，是攻读博士学位过程中的一个核心组成部分，它体现了作者在某个学科领域内的深入研究和创新贡献。博士论文不仅要求学生展示出深厚的专业知识和技能，还要求其在研究过程中发现新知或提出新的见解，从而为该领域的学术研究或实践进步做出贡献。博士论文的完成，表明作者具有独立从事创新科学研究工作或独立承担专门技术研发工作的能力。

博士论文的核心要求之一是独创性，即研究内容需要体现新的发现、理论、方法或理解，这意味着博士论文应提供新的知识，而不只是现有知识的复述或小幅改进。博士论文的研究不仅要新颖，还要有一定的重要性，它应当解决该领域内的关键问题，或对实践有明显的贡献，所做研究能够对学术界或行业界产生积极的影响。博士论文应明确其对理论的贡献，即它如何增进人们对某一领域的理解。除了理论贡献外，很多博士论文还旨在对实践有所贡献，提出新的应用方法、工具或实践指南。

博士论文的结构和硕士论文相似，同样包括摘要、引言、文献综述、研究方法、结果和讨论、结论和参考文献等几部分，但博士论文的研究内容更加丰富饱满、研究范围更广、研究更具深度。博士论文的目的在于证明学生能够独立进行学术研究，对学术界或实践领域做出贡献，通常期望学生能够解决复杂的问题，并在学术界或实践领域中能引起一定的关注。

博士论文需要具备清晰、逻辑性强的写作呈现，以确保读者能够理解研究的过程和成果。学生在撰写博士论文的过程中更应该严格遵守引用和参考文献的规范，确保学术诚信。

1.2.3 综述论文概述

综述论文旨在对某一特定领域或主题下的现有研究文献进行系统性的汇总、分析和讨论。与原创研究文章不同，综述论文不报告新的实验结果，而是对已发表的研究成果进行整理和评价，为读者提供该领域的全面概述。综述论文对于了解某一学科的最新进展、理解复杂概念、确定未来研究方向等方面至关重要。

综述论文的特点包括以下几方面：

(1) 覆盖范围广泛。综述论文通常覆盖一个特定领域内的广泛文献，包括最新的研究进展、历史背景、理论框架、实验方法和主要发现。这种广泛的覆盖范围为读者提供了一个全面了解研究主题的机会。

(2) 文献搜集具系统性。综述论文通过系统性的文献归纳方法，整理和评估现有的研究，包括使用明确的搜索策略、纳入和排除标准来选择文献，确保文献综述的全面性和客观性。

(3) 分析具批判性。与简单的文献汇总不同，综述论文对所整理的研究进行批判性分析，评价研究方法的有效性、结果的可靠性以及结论的合理性。这种批判性视角有助于识别研究中的缺陷、偏见和知识空白。

(4) 整合知识。综述论文不仅仅是对现有文献的汇总，更重要的是对信息和知识的整合。作者通过对不同研究结果的比较和综合，揭示研究趋势、理论共识和争议点，为未来研究提供方向。

(5) 提供新见解。通过对现有文献的归纳和分析，综述论文能够提供新的见解和理解，甚至提出新的理论框架或概念模型。这些新见解对于推动学科发展和指导未来研究具有重要价值。

(6) 指导未来研究。通过揭示现有研究的局限性和未来研究的潜在方向，综述论文为研究者提供了宝贵的信息，帮助他们规划和设计未来的研究项目。

综述论文的学术意义主要表现在促进知识的整合与传播、发现研究领域内的空白，以及指导未来的研究方向。通过系统归纳和分析现有文献，综述论文帮助读者快速掌握特定领域的发展现状和核心议题，同时评估研究趋势和理论框架的有效性，指出理论和实践中尚未解决的问题，从而推动学术领域的进步和理论的发展。本书第 2 章 2.4 节将详细介绍综述论文的结构、内容及特点。

1.2.4 调研报告概述

调研报告属于一种专业的论文，旨在收集、分析并呈现有关特定主题或问题的信息。它广泛用于学术研究、市场研究、政策制定和企业战略规划中。一份高质量的调研报告不仅提供数据和发现;还应该给出清晰的结论和可行的建议。

编写调研报告的关键步骤如下:

(1) 确定研究目标。首先要清楚地定义报告的目的,这将指导整个研究过程,确保研究焦点;形成具体的研究问题,这些问题将在报告中得到解答。

(2) 文献收集。搜集并分析与研究主题相关的现有文献,以建立研究的理论基础和背景。

(3) 研究方法。选择适合研究目标的方法论,包括定量研究、定性研究或两者的结合;根据选定的方法,实施数据收集计划,可能包括问卷调查、访谈、实验、观察等。

(4) 数据分析。对收集到的数据进行筛选、统计和分析,基于数据分析,解释研究结果。

(5) 结论和建议。综合研究,回答所研究问题,基于研究结果给出实践建议或政策建议,讨论研究的局限性和未来研究方向。

(6) 报告撰写。一个典型的调研报告包括摘要、引言、文献回顾、研究方法、结果分析、结论与建议、参考文献等部分。确保报告内容条理清晰、逻辑性强,避免术语过多或句式过于复杂,应使非专业读者也能理解。可使用图表、图像或其他视觉元素来增强报告的可读性和吸引力。

(7) 审核和修改。检查语法错误、拼写错误和格式问题。尽可能地让同行或专家审阅报告,提供反馈。

(8) 发布。根据需要将报告提供给相关部门,包括学术期刊、政策制定机构、企业等。考虑通过网络、专业会议或在线平台共享报告,以扩大其影响力。

通过调研报告的撰写,研究者能够识别并填补特定学科领域内的知识空白,推动该领域的知识边界向前发展,有助于建立新的理论框架或对现有理论进行修正和补充,从而促进学科理论的深化和发展。优秀的调研报告还可以作为教学材料,帮助学生了解特定学科领域的最新研究动态和研究方法。调研报告还可以为政策制定者、企业和公众提供科学的依据和建议,对社会发展和公共政策有直接的影响。通过普及科学知识和研究发现,调研报告也在公共教育和提高公众科学素养方面发挥着作用。总而言之,调研报告在学术界具有重要的意义,其不仅推动学科知识的发展和学术交流,还对社会实践和政策制定产生重要影响。通过提高研究质量和报告的可访问性,研究者可以最大化其学术价值和社会价值。

1.3 论文写作中的学术道德规范

学术道德是指在学术研究、学术活动和学术交流中应遵守的道德规范和原则。它要求学者在其工作中展现诚实、公正、客观和尊重知识产权的态度。学术道德的核心在于维护科学研究的真实性、可靠性和有效性,防止学术不端行为,如抄袭、伪造数据、篡改研究结果和剽窃他人成果等。这些原则不仅适用于科研人员,在学术出版、教育教学和学术评价等方面也同样重要。遵守学术道德有助于构建一个健康、公正的学术环境，促进学术知识的真实、准确传播，提高学术研究的质量和信任度。

1.3.1 学术道德基本概念

1）学术共同体

学术共同体起源于科学共同体的概念，该概念最初在1942年的文章《科学的自治》中提出。该文章强调，现代科学家不应孤立地完成自己的任务，而是要在各种组织结构中找到自己的位置，这些不同的科学家群体共同构成了科学共同体。学术共同体则是由一群有着相同理念和目标的学者组成，他们遵循共同的道德准则，相互尊重、联系和影响，共同促进学术领域的进步。学术共同体的成员把学术研究视为职业，通过学术活动将不同领域的研究人员联系起来，强调研究人员之间的共同信仰、价值观和规范性。

在科学研究的领域中，学术不仅是一种生活方式和职业态度，更是一种精神追求和人生哲学。对于学术评价、学术标准以及学术分歧等所有与学术相关的问题，只有通过学术共同体的集体智慧和力量才能得到妥善解决。学术共同体有时也可能犯错或做出不理想的决策，但在当前环境下，它仍是最优的选择。权威、科学、严谨和公正的学术评价，只能源自学术共同体内部。因此，学术共同体的成员们有责任恪守学术规范，不断完善学术评价体系，并坚守学术道德和职业操守。

2）学术规范

学术规范是一套指导学术活动的行为准则，它为学术共同体成员提供了明确的行动方向，确保了学术活动的科学性、高效性和公正性。这些规范在学术实践中逐渐形成，并构成了一个相对独立的规范体系。从学术知识生产的主体及其行为来看，这些规范源于学术界的合作、竞争、组织和互动，它们为这些复杂关系提供了结构框架，并通过约束每个个体，提升了知识生产的效率和质量。学术规范化不仅维护了知识生产活动的严肃性，而且增强了学术共同体在社会中的公信力，为学术研究的持续进步和繁荣奠定了坚实的基础。

学术规范并非通过外部强制或行政命令来推行，而是在学术共同体的内部环境中，基于成员间的共识和自律精神自发形成的一种约束机制。这种机制要求学术研究人员自觉遵守并严格执行学术规范，将其作为从事学术研究的基本准则。作为学术共同体的一员，研究人员需要深入理解和熟练掌握这些行为准则，并在实践中不断加以应用和完善。只有真正遵守学术规范，才能够获得学术共同体的广泛认可和尊重；而一旦违反这些规范，将会面临学术界的严厉批评和相应的处罚。这种自我约束和遵守规范的文化氛围，对于维护学术诚信、保障学术质量以及推动学术进步具有至关重要的作用。

3）学风内涵

学风是涵盖着学校、学术界以及广泛学习领域内的风气和氛围。在学术界的视角中，学风特指学术共同体及其成员在从事学术活动时所展现出的社会风气和风尚。学风不仅深刻影响着学术领域的继承、发展和创新，更是整个社会风气以及民族精神状态的重要反映。当学风不正时,它不仅会玷污学者和学术界的声誉,还可能动摇公众对于价值理想和价值导向的认同,进而对整个民族的精神风貌和国家的社会风气造成负面影响。因此,培养良好的学风,对于促进学术健康发展、塑造积极向上的社会风气和民族精神具有举足轻重的意义。

4) 学术评价

学术评价是一项严谨而客观的工作,旨在全面评估学术成果的科学性、有效性、可靠性及其价值。学术领域的健康发展,离不开学术贡献与学术荣誉之间的高度一致。然而这种一致性,正是由科学有效的学术评价系统来维护的。同行评议作为学术评价的一种重要体制,在学术界中广泛应用。它通常由某一或若干领域的专家组成专家委员会,这些专家运用统一、公正的评价标准,共同对涉及相关领域的项目、论文、著作、发明专利等科学研究成果进行深入的评估。同行评议能够确保学术评价的专业性、公正性和准确性,从而为学术领域的进步和繁荣提供有力保障。

学术成果鉴定是学术评价中不可或缺的一环,是对学者或项目组研究成果进行全面、深入评价的关键步骤。只有经过学术共同体其他成员的细致审查和批评性评价,这些成果才能获得广泛认可,被认定为"确凿无疑"的学术贡献。一旦成果通过这一严格的评价和筛选过程,它们将在学术共同体内得到广泛传播,为学术界带来新的思想和启示。同时,学术共同体也会对这些成果给予充分的肯定和荣誉,以彰显学者的贡献和价值。在进行学术成果鉴定的过程中,我们必须遵循严谨的程序,确保每一步操作都规范有序。此外,我们还需要采用科学的评价标准,以确保评价的客观性和准确性。

5) 学术不端

对学术不端这一概念的界定存在广义与狭义之分,这就导致目前尚未形成普遍认可的统一定义。20 世纪 90 年代,美国国家科学院、工程院及医学研究院联合的几十位科学家曾尝试为其下定义,他们认为学术不端行为主要是指在课题申请、研究执行以及结果报告过程中出现的伪造、篡改或抄袭等行为。简言之,这些行为主要涉及"伪造、篡改、抄袭"三个核心要素。值得注意的是,并非所有研究中的错误或不足都可归为学术不端。在研究计划和实施过程中的无意错误,如对实验结果的解读或判断偏差、因研究水平和仪器设备等限制造成的研究结果不准确等,这些都可以不被视为学术不端行为。因此,在界定学术不端时,需要明确区分那些涉及不诚实、欺诈性质的行为与各种原因导致的研究失误,从而确保对学术不端的判定是准确、公正的。

1.3.2 学术道德基本准则

1) 遵纪守法,弘扬科学精神

科技工作者作为先进生产力的领航者和科学知识的传播者,其言行在社会中具有显著影响力。因此,他们必须恪守行为准则,严格遵守法律法规,坚决维护国家安全和社会稳定。同时,应积极弘扬科学精神,传播科学思想和方法,提升公众科学素养。面对实验现象时，应秉持客观理性态度，深入研究，并坚决抵制伪科学。只有如此，科技工作者才能充分履行社会责任，为社会的和谐稳定和科技的持续发展贡献力量。

2）严谨治学，反对浮躁作风

科技工作者应秉持严肃、严格的科学态度，坚守真理、探求真知，维护学术尊严和学者声誉。对于科技工作者，严禁虚报成果，反对追求数量而忽视质量的浮躁行为，在项目设计、数据分析和成果公布等方面，应实事求是，确保数据的真实性和准确性。避免参与非专业领域的成果鉴定等活动，保持专业性和公正性。通过遵循这些准则，科技工作者能够贡献高质量的研究成果，推动科技持续进步。

3）公平竞争

在保守国家秘密和保护知识产权的前提下，科技工作者应公开科研过程和结果相关信息，从而追求科研活动社会效益的最大化。为了确保公平竞争的有序进行，必须对竞争者和合作者的贡献予以恰如其分的认同和评价。在评议他人贡献时，务必坚守客观公正的标准，杜绝主观臆断和随意性；同时，坚决反对采用任何不道德和非法手段干扰或阻碍竞争对手的科研工作，包括但不限于故意破坏竞争对手的研究设备或篡改实验结果，蓄意拖延考察和评审进程，以及滥用职权将未公开的科研成果和信息泄露给他人。只有秉持公正、诚信的原则，才能确保科技竞争的健康发展，推动科研事业的持续进步。

4）相互尊重

尊重他人的知识产权是科研的基本准则，应通过引证方式，明确承认并尊重他人的研究成果与优先权，坚决反对不实署名与侵占他人成果之行为。科研工作者应尊重他人对自己科研假说的证实与辩驳，对待他人质疑，应持开诚布公、公正无偏的态度。在各种学术评价活动中，科技工作者要认真履行职责，发扬学术民主，实事求是，客观公正、不徇私情。

5）以身作则

教师和科技工作者应当积极向青年和学生宣扬求真务实的学术风气，普及科学的研究方法。他们需要以身作则、德行兼修，用自身的崇高品格和人格魅力启迪学生，引领他们树立健康的学术道德观念，并助力他们养成恪守学术规范的良好习惯。学术规范既具有普遍适用性，又体现了不同学科的独特性。科技工作者在从事研究时，应严格遵循各自学科领域的特定要求，并尊重学术共同体内普遍认同的专业规范和惯例。

1.3.3 学术道德相关规定

1）引用定义及形式

引用，是指将他人的言论或行为作为自己的论据。在科学研究中，主要体现为以抄录或复述的方式吸纳前人的著作与学术成果，作为自己作品的参照、注解或评议材料，进而在此基础上进行创新与深化，形成新的学术贡献。然而，值得注意的是，“引用”并非无限制地照搬，而是在自身已有的著作基础上，出于参照、注解或评议等目的，审慎而恰当地融入他人著作的片段。在此过程中，自身著作应占据主导地位，而引用的他人著作则起到辅助与支撑的作用。

引用的形式有两种:①直接引用:指所引用的部分一字不改地照录原话,引文前后加引号。②间接引用:指作者综合转述他人文章某一部分的意思,用自己的表达去阐述他人的观点、意见和理论,也称之为释义。

依据《中华人民共和国著作权法》和《中华人民共和国著作权法实施条例》的明文规定,构成“合理使用”的引用必须同时满足以下四项标准:

(1) 所引用的作品必须已经公开发表,即作品已经由著作权人自行发布或经其许可由他人公之于众。

(2) 引用的目的应严格限定于个人学习、研究或欣赏的需求,或满足教学、科学研究、宗教或慈善活动以及公共文化利益的需要。

(3) 在引用他人作品时,应明确标注作者姓名及作品名称,除非双方另有约定或由于作品使用方式的特殊性导致无法指明。

(4) 引用的行为不得妨碍原作品的正常使用,更不得侵犯著作权人的合法权益。

在评估引用他人作品的行为是否构成合理使用时,需要全面考量上述四项标准,任何一项的缺失都将导致“合理使用”不成立。

2) 注释定义及形式

注解也称为注释,其主要功能在于对书籍、文章中的特定词语、引文出处等提供详尽的说明。作为论文的补充成分,注释不仅用于标明论文中的引文来源,还用于对论文中需要深入解释的部分进行说明,其根本目的在于协助读者更好地理解和把握文章内容。在《中华人民共和国著作权法》的相关术语中,“注释”特指对文字作品中的字、词、句进行详尽解释的行为。而根据《中国学术期刊(光盘版)检索与评价数据规范(修订版)》(CAJ - CD B/T 1—2006)的规定,注释主要分为释义性注释和引文注释两种形式,通常位于所在页面的底部,或集中排列在文末参考文献表之前。此外,《中国高等学校自然科学学报编排规范(修订版)》也明确指出,注释是作者对文章内容的进一步阐释,应置于页脚处,并采用带圈数字如注①、②等来表示序号,这些序号必须与文中的序号保持一一对应关系,确保读者能够轻松查找和理解相关的注释内容。

注释的形式主要有以下三种:

(1) 夹注。在正文中或图释中注释,即要在注释的字词后面加上括号,在括号内写明注文。

(2) 脚注。也叫页下注,即在需要注释的地方的右上角用“①”“②”之类标示,把注释的内容置于本页下端。

(3) 尾注。把注释集中于全文、全书或书中某一章的末尾。

3) 参考文献定义及形式

“参考”即综合他人之事、他人之论来进行深入的考察与分析,而“文献”则是指那些承载着历史价值的图书与文物资料,或是与某一学科紧密相关的关键图书资料,它囊括了文字、图像、符号、声频、视频等多种形式。在《信息与文献　参考文献著录规则》(GB/T 7714—2015)中,“参考文献”被定义为,“对一个信息资源或其中一部分进行准确和详细著录的数据,位于文末或文中的信息源”。“引用”可以是直接引用原文内容,也可以是间接引用,即借鉴并吸收其中的思想观点。对于参考文献表的组织,可以选择按顺序编码排列,或者根据“著者-出版年”的方式来进行整理。

参考文献在学术论文中占据着举足轻重的地位:一方面,通过准确、规范地引用注释和参考文献,不仅能够彰显论文的科学性和严谨性,更能体现论文的研究起点、背景、深度与广度;另一方面,参考文献的合理引用也充分展现了作者尊重他人研究成果和著作权的科学态度与高尚的学术品质。

4）编、编著和著的区别

“编”最初是指古人利用皮条或绳子将竹简有序地串联起来,后来逐渐演化为对事物进行排比、整理、组织的意义。在书籍的编纂中,“编”主要指对已有的资料或前人、他人的成果进行系统的整理,如编纂辞典、教科书、年鉴等。这一过程中,编书人并非原创内容,而是有选择地将已有的文章、书籍辑录在一起。

“著”则侧重于表达前人未曾言说的内容,发表个人的独到见解,具有开创性和创新性。当然,任何创新性的见解都离不开前人的基础,因此著书时也可适当引用他人的工作或成果作为参考,但更多的是用自己的语言来阐述自己的工作或见解。

“编著”则是将“编”与“著”两者有机结合起来的工作。它主要针对的是各学科的基本知识作品、普及性质的读物、针对不同学生群体的教科书,以及对某些问题的综合介绍等。在编著过程中,“编”与“著”相互补充,一方面编纂已有的资料,另一方面在这些资料的基础上作者提出自己的见解。

著、编著、编均属于《中华人民共和国著作权法》所认可的创作行为,但它们在独创性程度和创作成果上各具特色:著以其最高的独创性,孕育出原始作品;编则以其较低的独创性,衍生出演绎作品;而编著则介于两者之间,展现出独特的创作风格。编译与编著相似,但其在独创性上略逊一筹。尽管编是对前人成果的整理,但它并非简单的复制粘贴,而是需要遵循一定的方针和方法,重新进行深入的整理与归纳。著则代表着作者本人的创新性学术思想和研究成果,展现其独特的观点与见解,这些独创性的成果既体现了科学的继承性与连续性,又展现了学科间的交叉与渗透。而编著则是作者在对已有成果进行整理的基础上,融入自己的见解和看法,并适当进行发挥。

1.3.4 学术不端行为界定

1）抄袭和剽窃

抄袭和剽窃均属于欺骗性行为,其本质在于错误地宣称自己拥有原本属于他人的著作权。这种行径表现为未经许可便擅自挪用他人的劳动成果,并错误地将其作为自己的创意展现。其主要手法是在自己的文章中引用他人的语言表述,却未明确注明其出处,这种行为严重侵犯了他人的知识产权和创作权益。

抄袭和剽窃均指未经许可，擅自将他人作品或其片段占为己有并发表的行为。无论是以完整形式还是部分形式，无论是原封不动地发表还是经过删节、修改后再发表，这些行为均应被认定为抄袭和剽窃。根据《中华人民共和国著作权法》第四十七条的明文规定，抄袭和剽窃的法律后果相当严重，视具体情况而定，行为人可能需要承担停止侵害、消除影响、赔礼道歉、赔偿损失等民事责任。

抄袭和剽窃侵权行为，同其他类型的侵权行为一样，必须满足下面几个基本条件：首先，这种行为必须具有违法性，即违反了相关的法律法规；其次，必须存在客观的损害事实，即侵权行为确实给受害者带来了损失或伤害；再次，这种损害事实必须与侵权行为之间存在明确的因果关系，即侵权行为是导致损害的直接原因；最后，行为人必须存在过错，即其有意或过失地实施了侵权行为。由于抄袭行为只有在作品发表后才会产生侵权后果，即产生客观的损害事实，因此，在认定抄袭行为时，通常指的是已经公开发表的抄袭作品。

2）伪造和篡改

伪造行为是指在科学研究过程中，编造出并非基于实际观察和实验得出的数据或结果。这种行为并非基于真实记录，而是根据某种科学假设和理论推导出的期望结果，进而创造出虚假的观察现象和实验结果。而篡改行为则涉及在科学研究活动中对实验材料、设备或步骤的操控，以及对数据或结果的修改或省略，导致研究记录无法真实反映实际情况。某些时候，科研人员为了使实验结果与自己的假设相符，或是为了迎合已有的研究成果，会对实验数据进行“修饰”或“调整”。他们会按照个人期望随意更改或选择性地保留数据，以达成自己期望的研究结论。这种行为严重违背了科学研究的真实性和客观性。

伪造和篡改的形式主要有：①伪造实验样品；②虚构没有开展的实验；③伪造和篡改实验数据，伪造虚假的观察与实验结果，故意取舍数据和篡改原始数据，以符合自己期望的研究结论；④虚构发表作品、专利、成果等；⑤伪造履历、论文等。

伪造和篡改均属学术不端行为，其特征在于其成果中的材料、方法、数据等不实，难以重复验证，有时原始数据甚至被销毁，无从考证。这些行为严重损害科研的可信度，但因其涉及数据伪造和实验条件改动，往往难以被察觉。伪造和篡改通常在文章发表后，因实验无法重复或数据矛盾而受质疑，或被内部人员揭露。科学研究的基石在于实验与数据的真实性，伪造和篡改严重破坏科研诚信，不仅阻碍科研进步，还使科学家和研究者在错误路径上徒然耗费时间与资源。这种行为是对科学精神的背离，也对整个科研领域造成了负面影响。

3）一稿多投

一稿多投是指同一个作者在法定或约定的禁止再次投稿期限内，或已得知其作品即将或已经发表的情况下，未经期刊编辑及审稿人知晓，试图或已在两种或多种期刊同时或相继发表内容相同或相近的论文。这一行为违反了学术规范和道德准则，对学术界的健康发展构成了负面影响。

构成一稿多投行为，需同时满足以下四个条件：

(1) 作者需为同一人，这包括署名及其顺序的完全一致。鉴于学术文章署名的排列基于作者对论文或成果的贡献，若仅调整署名顺序并再次投稿，应从学术剽窃的角度进行处理，而非视为一稿多投。若同一文章署名有异，则视为剽窃，而非一稿多投。

(2) 涉及的论文内容必须相同或为其他版本。这意味着将论文或其核心内容，以及经过文字层面或文稿类型变换后的同一内容的其他版本或载体格式再次投稿，均属于一稿多投。

(3) 投稿行为需具备故意性，即在同一时间段内，作者故意将同一篇论文投递给两家或多家学术刊物。即便不在同一时段，若作者已知论文已被某刊物接受或发表，仍选择投递给其他刊物，亦属此列。

(4) 一稿多投的行为必须是在编辑不知情的情况下进行。若编辑事先知晓或已经被告知论文作者的论文存在一稿多投行为，则不应将此行为归入此范畴。

1.4 工科类论文写作的语言注意要点

工科类论文一般指的是科技论文，科技论文作为一种传递科学研究成果，展示新技术、新方法和新理论的重要载体，其语言使用的准确性和规范性至关重要。科技论文的语言不仅要准确、清晰，还要符合科技领域的专业规范，以便读者能够准确理解论文内容，并在此基础上进行深入研究和应用。论文写作的语言注意要点如下：

(1) 准确使用专业术语。科技论文涉及大量专业术语，这些术语是科技领域内的共同语言。因此，在撰写科技论文时，作者应确保使用准确、规范的专业术语，避免使用非专业或模糊的词汇。专业术语的使用不仅有助于准确传达研究内容，还能够体现作者的专业素养和研究水平。

(2) 语言具有客观性和中立性。科技论文旨在传递客观、中立的研究结果，因此，作者在写作时应避免使用主观性、情感化的语言。论文中的描述和分析应基于实验数据和事实，避免使用过于绝对或夸张的表述。同时，作者还应注意避免在论文中表达个人意见或偏好，以确保论文的客观性。

(3) 避免冗长和复杂的句子结构。科技论文要求语言简洁明了，避免冗长和复杂的句子结构。作者应尽量使用短句和简单句，减少从句和复合句的使用。此外，作者还可以通过使用主动语态、减少修饰词和限定词等方式，使句子更加简洁明了、方便读者理解。

(4) 应具有严密的逻辑性和条理性。科技论文需要具有严密的逻辑性和条理性，以便读者能够清晰地理解作者的研究思路和过程。作者在写作时应合理安排段落结构，确保每个段落都有明确的主题句和支撑句。作者还应注意使用过渡词和连接词，使句子之间和段落之间具有明确的逻辑关系。

(5) 语言简洁精炼。在科技论文写作中，作者应避免使用冗余、重复的词汇和句子。冗余和重复不仅会增加论文的篇幅，还会降低论文的可读性。作者在写作时应尽量使用简洁、精练的语言，确保每个词汇和句子都有其独特的意义和作用。

（6）准确呈现图表和数据。科技论文中经常需要使用图表和数据来呈现实验结果和分析。在呈现这些图表和数据时，作者应确保使用准确、规范的语言进行描述和解释。除此之外，作者还应注意图表、数据的排版和格式要求，确保它们能够清晰地呈现给读者。

1.5 工科类论文写作准备及流程

1.5.1 论文写作准备

对工科学生而言，论文是其在校期间的一个重要的成果，是用来申请学位的重要依据。开展论文写作前需要做的准备有很多，下面做一介绍。

论文往往来源于某一个课题的研究，学生首先需要与导师充分沟通，明确研究目标和课题方向。这通常是基于导师的总体规划、学生的个人兴趣以及实验室的条件来确定的。确保所选课题具有创新性、可行性和学术价值。这样就可以进行课题的“开题”。

当确定了课题的研究方向之后需要开展大量的文献调研，了解课题的研究现状、前人的成果和目前存在的问题，这有助于找到论文的切入点，避免写出来的论文被专家认为没有创新性。课题的研究都是站在巨人的肩膀上去做一定的突破，很少有从0到1的研究。

经过调研找到课题的研究方向，并且为了创新性去制定详细的研究计划和实验方案。这包括确定实验目的、实验原理、实验步骤、数据处理方法等。确保实验方案具有可操作性和可重复性。对工科的学生而言，实验完成后，对收集到的数据进行分析和处理，根据课题的特点和研究目标，选择适当的数据分析方法，例如描述性统计、推断性统计、回归分析、方差分析等。运用统计学、图表分析等方法，提取出有价值的信息。同时，与预期结果或者前人的成果开展对比，分析实验结果的可靠性和有效性。如果效果不明显需要调整实验或者数据分析的方法，直到与自己的预期接近。

通过文献调研、开题、课题研究、实验及数据分析，这样就积累了论文写作的素材，为论文的成稿打下了良好的基础。

1.5.2 论文写作流程

开展论文写作几乎是每一个工科生都必须经历的过程，要预留足够的时间去雕琢一篇论文。摘要应简要概括论文的主要内容和结论，通常是最后撰写；引言则介绍研究背景、意义以及研究问题的提出；详细描述研究过程中所采用的方法、实验设计和数据处理方式等，以便读者能够了解并复现研究过程；对实验或研究的数据进行分析，以图表和文字形式清晰地呈现研究结果；根据研究结果，展开讨论和分析，解释研究结果的含义和可能的影响因素，与前人的研究进行对比和分析；总结论文的主要观点和结论，强调研究的创新性和价值；列出论文中引用的所有文献，确保引用的准确性和完整性。

此外，在完成初稿后，还需要对论文进行反复修改和润色，确保语言表达准确、逻辑清晰。最后，将论文提交给导师或同行进行审阅，再根据反馈意见做进一步的修改和完善。

1.6 本书主要内容及写作特色

本书旨在为广大工科论文写作者提供一套系统、实用的写作指南，通过深入剖析文献管理、开题报告、中期报告、学位论文以及中英文期刊论文的撰写要点与技巧，帮助读者掌握论文写作的全流程，提高论文写作质量。本书还可以为学术界的规范化、标准化写作提供参考，有助于推动学术研究的健康发展。

本书采用了文献分析法、案例研究法和经验总结法等多种研究方法。通过对国内外相关文献的梳理和分析，了解论文写作研究的最新进展和趋势；通过案例分析，深入剖析成功论文的写作特点和经验不足；结合作者自身的写作实践和教学经验，总结提炼出实用的论文写作技巧和策略。

本书第 2 章将介绍文献的管理及科技查新，主要介绍文献检索的方法及途径，以及利用 Endnote 管理文献，综述论文的撰写，还有论文写作过程中遇到的科技查新。第 3 章将介绍论文的开题，重点介绍开题报告的撰写，包括开题报告各部分内容的撰写及开题流程和注意事项。第 4 章将介绍学位论文的撰写，重点介绍学位论文的选题、论文的综述，介绍学位论文各章节的设计要点，以及学位论文不同部分的格式要求；最后介绍论文的查重及查重后修改。第 5 章将介绍中文期刊论文的撰写过程及期刊的选择及投稿，并介绍论文的返修及答复。第 6 章将介绍英文期刊论文的撰写及投稿返修。

通过阅读本书，期望读者能够：掌握文献管理的基本方法和工具，提升文献检索、整理和分析的能力；熟悉开题报告和中期报告的撰写流程和要求，确保研究工作的顺利开展；掌握学位论文的撰写规范和技巧，提高学位论文的质量和水平；了解中英文期刊论文的撰写特点和要求，提高论文发表的成功率；培养良好的学术诚信和道德意识，树立正确的学术价值观。

第 2 章 文献综述及科技查新

退笔如山未足珍，读书万卷始通神。

——苏轼《柳氏二外甥求笔迹》

文献包含了研究领域的现状、发展趋势和前沿动态，有助于作者明确研究背景，确定研究的创新性，为论文的研究提供有力的理论支撑，通过文献，作者可以论述研究的意义和创新性。引用高质量的文献，也可以提高论文的学术水平和质量，增强论文的影响力和价值。本章将首先介绍文献的作用，检索及管理，其次介绍综述论文撰写要点，最后介绍论文研究过程中的科技查新。

2.1 文献作用及意义

文献是指通过一定的方法和手段，运用一定的意义表达和记录体系，记录在一定载体上的有历史价值和研究价值的知识。所谓文献：文，指有关典章制度的文字资料；献，指熟悉掌故的人。文献是有历史价值和研究价值的知识，需要一定的载体和一定的方法、手段，同时也是一定意义的表达和记录体系。人们通常所理解的文献是指图书、期刊、典章所记录知识的总和。

文献是记录、积累、传播和继承知识的最有效手段，是科学研究和技术研究结果的最终表现形式，是人类社会活动中获取情报的最基本、最主要的来源，也是交流传播情报的最基本手段。在科研工作中，文献是确认研究人员对某一发现或发明的优先权的基本手段，也是衡量研究人员创造性和劳动效率的重要指标。

文献的引用可以丰富论文的内容，使论文更加充实和完整。同时，通过引用高质量的文献，也可以提高论文的学术水平和质量，增强论文的影响力和价值。通过查阅文献，作者可以了解已有研究成果，避免重复劳动和浪费资源。同时，文献的引用也有助于防止学术不端行为，如抄袭、剽窃等，确保论文的学术诚信。文献中包含了大量的理论观点和实证研究成果，这些成果可以为论文提供有力的理论支撑和实证依据。通过引用相关文献，作者可以阐述自己的观点和论据，增强论文的说服力和可信度。作者通过查阅和分析相关文献，可以了解研究领域的现状、发展趋势和前沿动态。这有助于作者明确研究背景，确定研究问题的来源和依据，从而确保研究的针对性和创新性。对于一篇完整的学术论文，参考文献的著录是不可缺少的。

参考文献有利于节省论文篇幅。论文中需要表述的某些内容，若已有文章开展过相关研究，就不必再详细叙述，只在相应之处注明即可。这不仅精练了语言、节省了篇幅，而且避免了一般性表达和资料堆积，有助于论文达到篇幅短、内容精的要求。参考文献有助于科技情报人员进行情报研究和文摘计量学研究。参考文献还能起到索引作用，读者通过著录的参考文献，可方便地检索和查找有关图书资料，以对该论文中的引文有更详尽的了解。

参考文献能方便地把论文作者的成果与前人的成果区别开来。论文报道的研究成果虽然是作者自己的，但在阐述和论证过程中难免要引用前人的成果，包括观点、方法、数据和其他资料，若对引用部分加以标注，则他人的成果将表示得十分清楚。这不仅表明了论文作者对他人劳动的尊重，也避免了抄袭、剽窃他人成果的嫌疑。

2.2 文献检索

2.2.1 文献检索方法

文献检索是一个根据科研和学习的需要，通过一定途径获取文献的过程。这是科研、学习和工作中不可或缺的一个环节。

文献检索是开启科研的一把钥匙，也是在一些学科相关比赛中创新灵感的来源。掌握文献检索方法，可以为科研工作的启动打下一个良好的基础。

1） 直接法

直接法又称常用法，是指利用检索工具（系统）检索文献信息的方法。它又分为顺查法、倒查法和抽查法。

（1） 顺查法。指按照时间的顺序，利用检索系统由远及近地进行文献信息检索的方法。这种方法能收集到某一课题的系统文献，适用于较大课题的文献检索。例如，已知某课题的起始年代，需要了解其发展的全过程，就可以用顺查法从最初的年代开始查找。

（2） 倒查法。指由近及远，从新到旧，逆着时间的顺序利用检索工具进行文献检索的方法。使用这种方法可以最快地获得最新资料。

（3） 抽查法。指针对项目的特点，选择有关该项目的文献信息最可能出现或最多出现的时间段，利用检索工具进行重点检索的方法。

2）追溯法

追溯法是指不利用一般的检索系统，而是利用文献后面所列的参考文献，逐一追查原文（被引用文献），然后再从这些原文后所列的参考文献目录逐一扩大文献信息范围，一环扣一环地追查下去的方法。它可以像滚雪球一样，依据文献间的引用关系，获得更好的检索结果。

3）循环法

循环法又称分段法或综合法。把上述两种方法加以综合运用，取长补短、相互配合，以获得更好的检索结果。循环法兼有直接法和追溯法的优点，可以查得较为全面而准确的文献，是实际中采用较多的方法。

2.2.2　文献检索途径

文献检索的途径有以下几种：

（1）著者途径。利用著者索引、机构（机构著者或著者所在机构）索引、专利权人索引，从著者、编者、译者、专利权人的姓名或机关团体名称进行检索。

（2）题名途径。一些检索系统中提供按题名字顺检索的途径，如书名目录和刊名目录。

（3）分类途径。按学科分类体系来检索文献。从分类途径检索文献资料，主要是利用分类目录和分类索引。

（4）引文途径。利用引文而编制的索引系统，称为引文索引系统；它提供从被引论文到检索引用论文的一种途径，则称为引文途径。

（5）序号途径。有些文献有特定的序号，如专利号、报告号、合同号、标准号、国际标准书号和刊号等。文献序号对于识别一定的文献，具有明确、简短、唯一性特点。依此编成的各种序号索引可以提供按序号自身顺序检索文献信息的途径。

（6）代码途径。指利用事物的某种代码编成的索引，如分子式索引、环系索引等，可以通过特定代码进行检索的途径。

（7）信息途径。从文献信息所包含的或有关的名词术语、地名、人名、机构名、商品名、生物属名、年代等的特定顺序进行检索，可以解决某些特别的问题。

2.2.3　文献检索常用网站简介

目前，用于文献检索有以下常用网站。

（1）中国知网。应用非常广泛，各类文献都可以从中查找到，并且查找十分方便。知网可以搜索出较为精确的结果，还可以开展文献的排序与聚类。本书将在第4章4.6.3节详细介绍知网概念及注意事项。

（2）百度学术。为免费的学术资源搜索平台，提供海量中英文文献学术资源，涵盖各类学术期刊、学位、会议论文，致力于将资源检索技术和大数据挖掘分析能力贡献给学术研究。

(3) 谷歌学术。提供可广泛搜索学术文献的简便方法。可以从这个网站搜索众多学科的文献,这些文献来自学术著作出版商、专业性社团、预印本、各个大学及其他学术组织的经同行评论的文章、论文、图书、摘要和文章。

(4) 青泥学术。通过对中国人文社科领域的核心期刊文献进行 AI 大数据智能分析,为学术群体提供学术文献数据分析及智能学术写作一站式服务,解决学术选题、投稿、文献分析、论文写作等方面的问题。

(5) 谷歌学术镜像。为谷歌学术的衍生网站,具有非常丰富的学术文献资源。

(6) SCI-Hub。可以下载任意文献杂志的工具,只要输入想要下载的文献题目、DOI 等信息就可以获取到该文献的真实地址并在线浏览,当然更重要的是可以下载。

(7) Web of Science。为大型综合性、多学科、核心期刊引文索引数据库,包括三大引文数据库、社会科学引文索引、艺术与人文科学引文索引和两个化学信息事实型数据库。

(8) 全国图书馆参考咨询联盟。拥有中国大规模的中文数字化资源库群,实行资源共享和免费服务政策,可得到全国图书馆提供的网上参考咨询和文献远程传递服务。平台系统拥有 230 万种以上的电子图书,4 000 万篇以上中文期刊论文,2 600 万篇以上外文期刊论文以及大量的学位论文、会议论文等数字化资源,全国参与合作和加盟的三大系统图书馆达 700 多个,每天提供咨询和传递文献超过 1 万例。

(9) 国家哲学社会科学文献中心。主要开设有资讯、资源、专题、服务四个栏目,资源包括中文期刊、外文期刊、外文图书、古籍四类,收录哲学、社会、科学等相关领域文献共计 1 000 万余条,提供有线阅读、全文下载等服务,还收录有国内外哲学社会科学领域重要的政府机构、高等院校、学术机构以及数据库的链接,便于广大读者查阅、使用。

(10) 虫部落。为一个纯粹的搜索经验、技术交流和分享平台,同时为虫友提供众多方便好用的搜索引擎。聚合谷歌、百度、必应等国内外综合搜索和学术、资源、专业领域知识等垂直搜索。

(11) 清华大学图书馆网站。具有很强的学术性。网站界面内容精炼,将各类文献信息的检索和咨询服务融为一体,并将各类别的网上资源和本馆的文献资源加以整合,为本校及其他高校读者提供了极大的方便。

(12) NSTL 文献检索。由国家科技图书文献中心提供。面向全国开展科技信息服务,可联合检索中外文的期刊、学位论文、会议论文、图书、国外科技报告、专利、标准、计量检测规程等。还提供国外免费的学术资源、中外预印本门户、网络资源导航等。登录各栏目后即可见其详情介绍,因此使用中更加明白。重点推荐:全文文献栏。

(13) 论文下载中心。拥有海量的论文资料和学术文献,对于论文写作迷茫的同学很有帮助,平台还提供论文格式、学术发展趋势的最新研究等。

(14) Science Direct。其出版的期刊是世界公认的高品质学术期刊,且大多数为核心期刊,并被世界上许多著名的二次文献数据库所收录。Science Direct 数据库收录 2 000 多种期刊，其中约1400种为ISI收录期刊；提供51本参考工具书、150套系列丛书、164部手册、4000种电子图书。

(15) BASE。为世界上最庞大的多学科搜索引擎之一，尤其是用于学术网络资源的搜索引擎。专门为访问获取Internet上免费开放的科学性文档，提供对全球异构学术资源的集成检索服务。BASE提供来自8000多家内容提供商的超过2.4亿份文档，可以免费访问大约60%的索引文档的全文(开放访问)。

(16) ERIC教育资源信息中心。为美国教育部资助的网站系列和世界上最大的教育资源数据库，其中包括各种文档以及教育研究与实践方面的论文摘要，这些摘要超过了100万篇，收录980多种教育领域及和教育相关的期刊文献的题录和文摘，部分资源可查找到全文。

(17) EBSCO。为一个具有60多年历史的大型文献服务专业公司，提供期刊、文献订购及出版等服务，开发了近100多个在线文献数据库，涉及自然科学、社会科学、人文和艺术等多种学术领域。

(18) SciELO科技在线电子图书馆。提供613种专业期刊、20万篇论文全文供读者免费阅览。

(19) 维普网。中国最大的综合性文献服务网，并成为谷歌搜索的重量级合作伙伴，是Google Scholar最大的中文内容合作网站。它的资源数据库非常丰富。

(20) 万方数据知识服务平台。整合海量学术文献，构建多种服务系统，提供相似性检测结果及场景化服务。

(21) Open Access Library。为在线数据库，里面所有的文章都来自顶级著名的出版商和数据库，可以满足各个领域学者的需求。同时，那些已经评审或者未发表的文章都可以在线查看，以此提供学术交流的机会。可以用关键字在Open Access Library(OA图书馆)搜索下载完整的PDF格式的文章。

2.3 文献管理

2.3.1 按照主题管理文献

文献是工科学生开展学术研究的重要参考资源，合理有效地进行文献管理对研究工作能够起到事半功倍的作用。在下载文献后，文献一旦过多，就会变得无序，有时甚至需要花半个小时去寻找自己曾经看过的一篇论文。可以按照下面几个诀窍去整理下载文献：

(1) 下载电子版文献时(CAJ, PDF, html)，把文章题目粘贴为文件名。注意不要有特殊的符号，比如“\”“/”“：”“*”“?”“＜”“＞”以及换行符号。

(2) 根据摘要和文章研究内容在文献的文件夹内建立不同的主题，如研究谐波减速器，可以新建“摩擦磨损分析”“传动效率分析”“健康监测分析”“故障诊断分析”“结构优化”等文件夹，分别存放对应的论文。

（3）根据文献的重要程度在命名前面添加“001”“002”“003”等编号，可以建立一个索引词，对每一个文献的题目和研究内容做简要介绍。

2.3.2 借助软件管理文献

当然也可以借助一些工具去管理文献，如 Endnote Library、EndNote 可帮助我们对已订阅数据库和免费资源进行全文 PDF 搜索。所找到的文章将自动与文献库中的原始参考文献相关联，做到对文献题录信息一键式轻松查找全文。EndNote 20 与 Web of Science 集成，订阅 Web of Science 的用户可一键生成文献的引文报告，分析参考文献的影响力；也可一键式访问 Web of Science 文献全记录页面及相关记录，了解参考文献的更多详细信息。

EndNote 支持多个电脑间的文献同步与共享，无论何时何地都可将自己的个人文献数据库与 EndNote Online 版及 iPad®进行同步，其软件界面如图 2-1 所示。同时，还可以通过设置“只读”与“读写”权限，将个人文献数据库与所在团队成员进行共享。利用 EndNote 内置活动日志即时查看共享参考文献库在整个团队共享中的变更记录。具体管理文献的步骤如下：

第一步，创建个人的 EndNote Library，如图 2-2 所示。

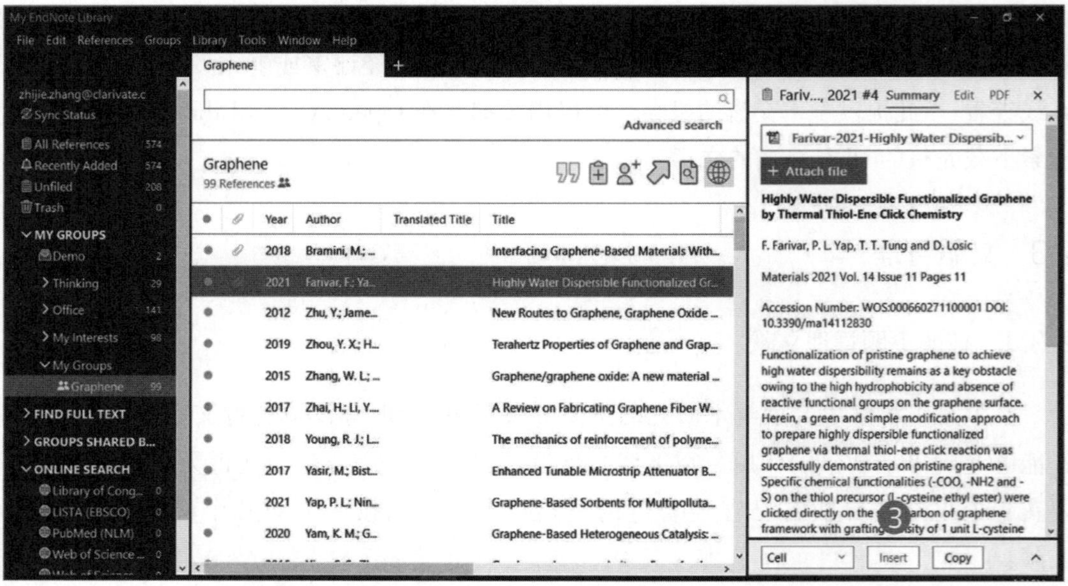

图 2-1 EndNote 软件界面

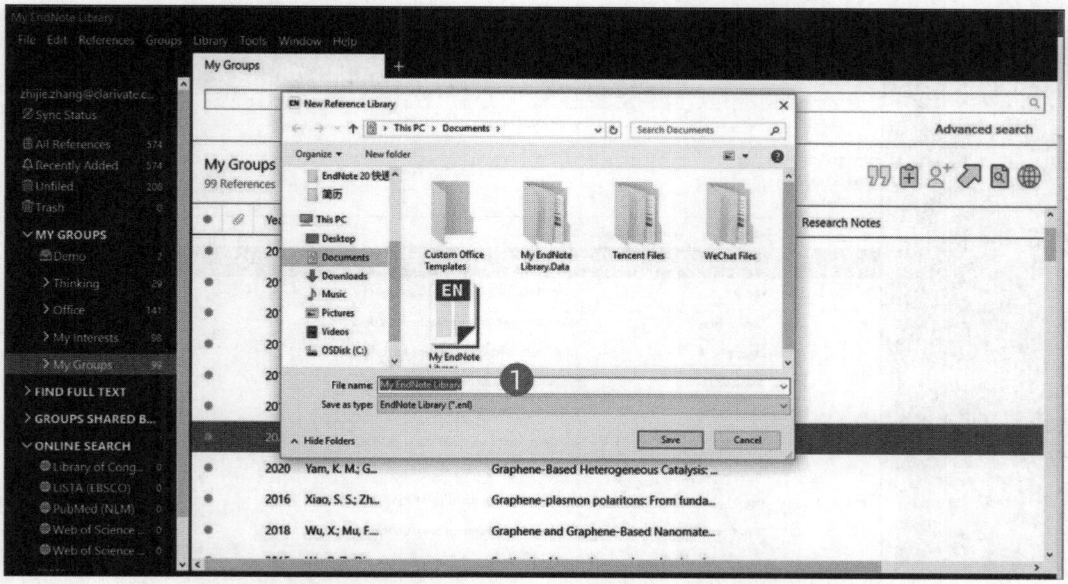

图 2-2　EndNote 创建个人的 EndNote Library

第二步，导入 PDF 文件。如果在本地下载了文献全文的 PDF 文件，可以批量导入 PDF 文件至 EndNote，选择 File>Import 可单篇导入 PDF 或批量导入一个文件夹，如图 2-3 所示。

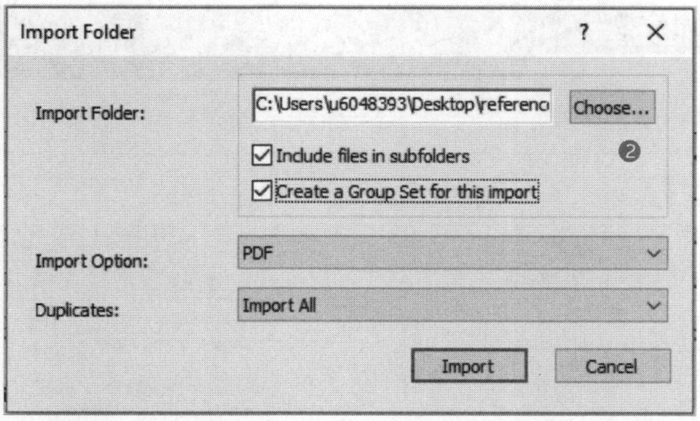

图 2-3　EndNote 导入 PDF 文件

第三步，从数据库网站导入文献。可以在 Web of Science 数据库直接导入文献信息至 EndNote，勾选相关文献信息保存至 EndNote desktop，可直接将. ciw 文档导入至 EndNote。其他一些数据库也可以提供 EndNote 格式，下载后的文件可直接导入的格式有“. enw”“. ris”“. ciw”“. nbib”。

第四步，文献分组管理与共享。

(1) 分组管理(图 2-4)。选择 Groups > Create Group。EndNote 支持多种分组方式管理个人文献数据库，可选中所需文献并拖拽至分组中。同一篇文献可保存在不同分组中，且不会存在重复保存的情况。

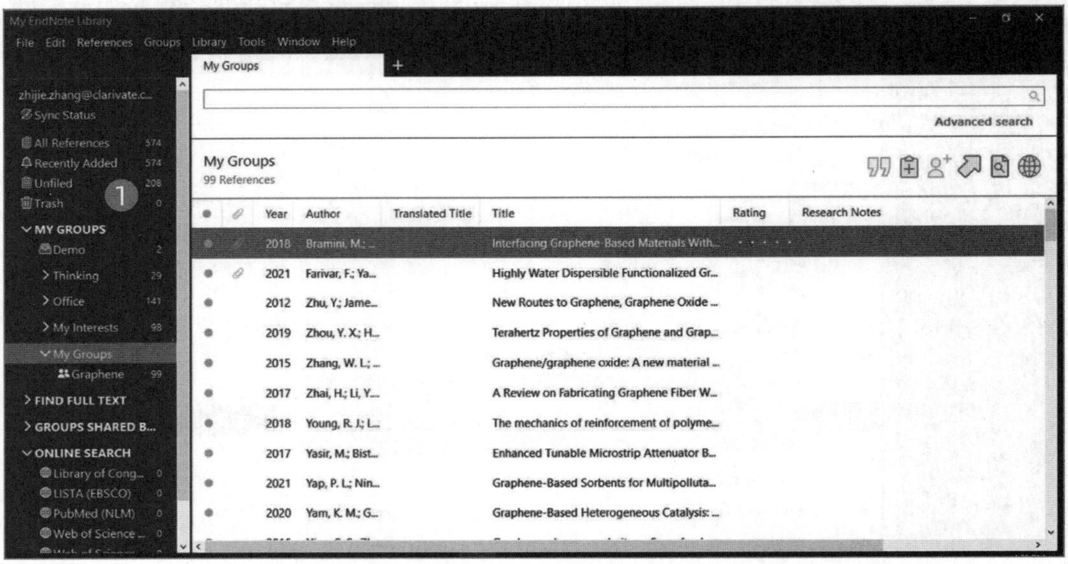

图 2-4　EndNote 分组管理

(2) 智能分组(图 2-5)。选择 Groups > Create Smart Group，按照设置条件自动挑选符合条件的记录，在有新记录收入时自动将符合条件的记录放入 Smart Group。

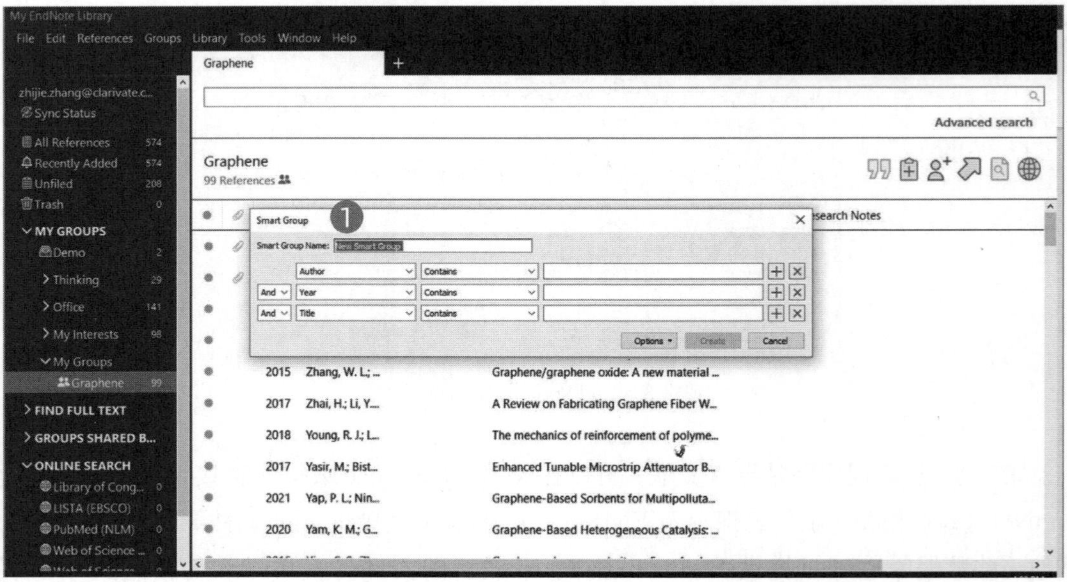

图 2-5　EndNote 智能分组管理

(3) 组合分组。选择 Groups > Create From Groups，挖掘已建组间的关系，EndNote 将已经设置完成的组用 AND、OR 和 NOT 进行组与组之间的匹配。如寻找组与组之间的交集或并集等，在有新记录收入时自动将符合条件的记录放入组中。

在快捷菜单栏选择“Share this group”，注意创建的“Smart Group”不能分组共享。输入分享人的邮箱，设置共享权限“只读或读写”，即可分享文献。对方可通过邮箱的链接进入 EndNote Online 登录界面，登录即可查看分组共享的文献。

撰写论文时，在 Microsoft Word 文档中可以看到 EndNote 20 工具条（图 2-6），可对论文中的参考文献进行插入、编辑和调整等。在需要插入参考文献的位置，单击 EndNote 20 工具栏中的“Insert Citation”。在弹出窗口中搜索需要插入的目标参考文献。选中参考文献后，单击“Insert”，即可在论文中以及文末出现目标参考。

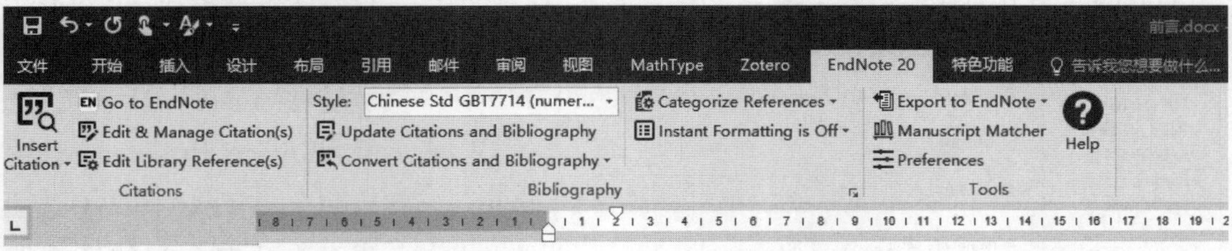

图 2-6　Word 文档的 EndNote 工具条

EndNote 通过 Style 功能为用户提供超过 7 000 种期刊的参考文献格式（图 2-7）。在下

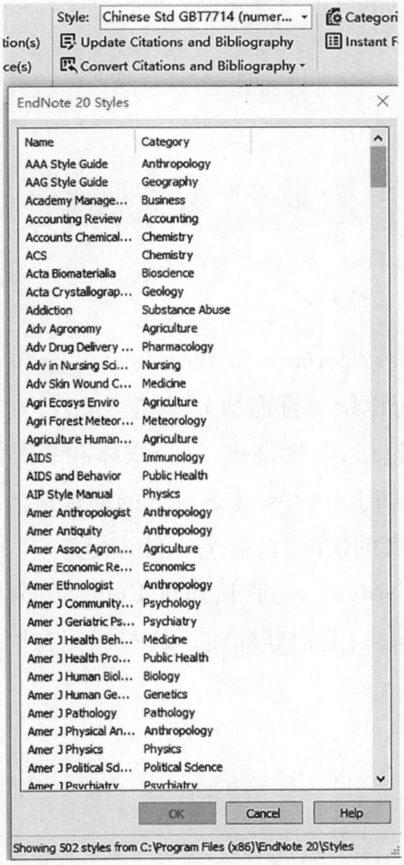

图 2-7　EndNote 的部分参考文献格式

拉菜单栏可以选择 Select Another Style 查看更多格式，同时可从 endnote. com 获取更多参考文献格式。通过 Edit & Manage Citations 来编辑调整论文中的参考文献，如删减文献、调整文献顺序、修改文献信息等。

EndNote 提供查找全文功能，可通过网络查找获得 PDF 全文，并自动完成下载。EndNote 是基于几种链接路径获取全文：如 DOI 链接、PubMed LinkOut、开放链接（OpenURL）等。选择 Edit > Preferences 中 Find Full Text（图 2-8）选项来查看获取全文的链接路径。也可以将自己的开放链接（OpenURL）服务系统路径输入至 OpenURL Path 文本框。偏好设定完成后，选取所有要查询全文的文献，点选右键 > Find Full Text 。

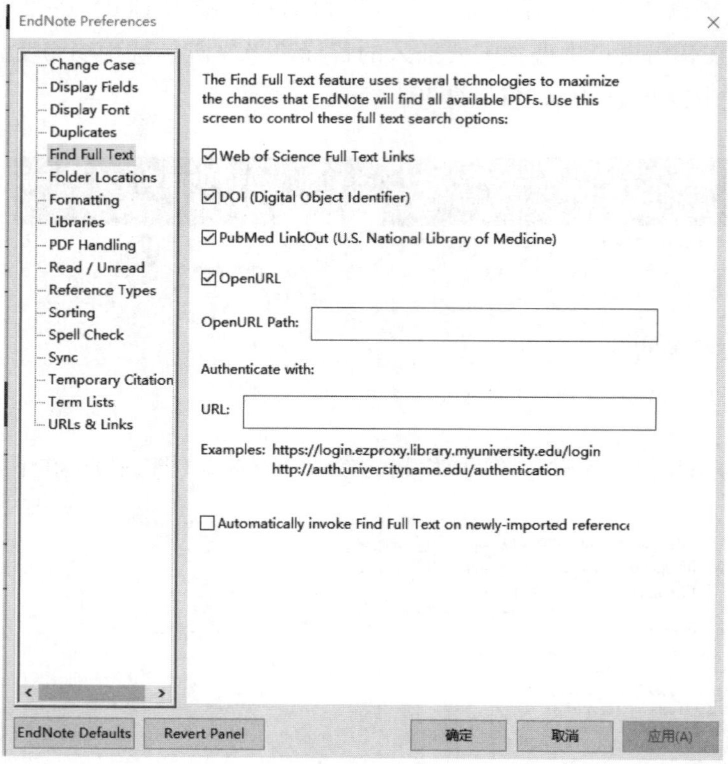

图 2-8 EndNote 的 Find Full Text 功能

不需要将所有资源都在线导入，也可以手工添加一篇特定的参考文献信息。选择快速菜单栏的“Add a new reference to the selected group”按钮。先选定一种文献类型，按照字段输入相应信息，可以统一管理基金、标准、报告、专利、政府文件、手稿、图片、方程式、地图、账单、博客、讨论论坛、电视剧集、社交媒体和多媒体应用程序等各类信息。输入作者时应注意人名的输入，如 John Oscar Smith 的形式应为 Smith, John Oscar（姓，名）或 Smith, J. O. ；出现多个作者的情况时，应是一名一行。

当导入 PDF 文件至 EndNote 中，可直接通过 EndNote 来浏览文献 PDF 全文，并对全文信息进行高亮、下划线、删除线、笔记等标注。这些标记在同步与共享 Library 时可以完整保留。

2.4 综述论文撰写

综述论文是一种学术性论文，它的核心是对某一特定时间范围内的某一学科或研究专题的学术成果和研究进展进行系统、全面的概述和评论。在撰写综述类论文时，作者需要对大量原始研究论文中的数据、资料和主要观点进行归纳整理、分析提炼。

撰写综述论文对学术研究者有诸多好处。通过搜集和整理文献资料，可以熟悉科学文献的查找方法和资料的积累方法，扩大知识面。通过综述论文的撰写，能够提高归纳、分析和综合能力，同时也有助于提升独立工作能力和科研能力。

2.4.1 综述论文的结构

综述反映当前某一领域中某分支学科或重要专题的历史现状、最新进展、学术见解和建议。它往往能反映出有关问题的新动态、新趋势、新水平、新原理和新技术等。综述论文主要对某一研究领域进行分析和描述，包括前人已经做了哪些工作，进展到何种程度，以及国内外相关研究的动态和前沿性问题。作者一般不在其中发表个人见解和建议，也不做任何评论，只是客观、概括地反映事实，一般应包括本课题国内外研究的历史和现状、现阶段主要的理论观点和技术。

综述论文通常包括引言、主体和结论三个部分：

(1) 引言部分。需要简要介绍论文的主题、研究背景和意义、写作缘由，以及说明论文的性质、适应范围等。前言应开宗明义，用简练、直接的语言揭示主题，清楚交代综述专题的基本内容和范围，以及综述专题的学术价值和实用价值。

(2) 主体部分。需要按照逻辑顺序对文献进行综述，分析各种观点和方法的优缺点，并提出自己的见解和观点。主体部分是综述的核心，也是具体内容所在。围绕综述的主题总结收集的文章，用自己的话去总结和阐述前人的研究。

(3) 结论部分。需要总结全文指出研究的局限性和未来的研究方向。综述论文的撰写是一个系统且需要深入研究的过程。应在简要概括主体部分的主要内容的基础上，提出作者的个人见解、观点及未来的发展方向。这部分应能启发读者，并对整个综述进行总结。

2.4.2 综述论文的内容

撰写综述类论文的时候首先需要确定论文的主题与范围。这个主题应该是作者自身感兴趣且熟悉的领域，同时也应具有足够的研究价值和实际意义。在确定主题时，需要进行充分的文献调研，了解该领域的研究现状和发展趋势，确保研究具有前沿性和创新性。一般对工科学生而言，综述类论文方向往往是即将开始研究的方向。

在确定论文主题后，需要广泛收集相关的文献资料。这些资料可以来自学术期刊、会议论文、专利、专著等。在收集文献时，需要注意文献的质量和权威性，同时也要关注文献的时效性和相关性。收集到足够的文献后，需要对它们进行整理和分析，提取出重要的观点和数据，为后续的撰写工作打下基础。这些文献最好具有典型性及新颖性。收集好文献后需要按照研究内容将其进行分类处理，某一个方向的研究可以放在一起进行综述。

在撰写综述论文时，需要注意以下几点：

(1) 论文名称要能很好地概括论文的主要内容，表达论文的主题，同时避免题目过大。

(2) 作者的署名和单位要真实，不能用化名或虚假信息。

(3) 摘要应高度概括论文的内容，包括写作目的、方法、结果和结论，字数一般控制在200～300字。

(4) 关键词要能反映文章的主要内容，便于读者了解论文的主题。

总的来说，综述论文的结构应该逻辑清晰、严谨，各部分内容相互衔接，形成一个有机的整体。保持语言简洁明了，避免使用过于复杂的词汇和句子。应该注意论文的逻辑性和条理性，确保各个部分之间的衔接自然流畅。此外，还需要注意引用格式的正确性，避免引用不当而导致学术不端问题。

综述论文的摘要和其他论文类似，也需要首先介绍背景，然后介绍目前存在的问题。随后，介绍目前学者在哪几个方面开展了研究，最后总结研究成果，指出未来研究方向。例如，《谐波减速器动力学特性与建模研究进展》一文摘要结构如下（括号中文字为本书标注）：

摘要：谐波减速器具有相对质量低、结构紧和价格低廉等优点，广泛应用于空间机械臂关节设计（介绍了研究对象谐波减速器的特点）。然而，谐波减速器的运动误差、刚度和摩擦3种动力学特性阻碍了空间机械臂关节指向精度、运动稳定度等性能指标的提升（介绍了谐波减速器目前存在的问题）。为改善空间机械臂关节性能，国内外学者针对谐波减速器的运动误差、刚度和摩擦3种动力学特性开展了试验研究和机理分析，并建立了数学模型（介绍了谐波减速器目前的主要研究现状）。本文从试验、机理和建模3个角度出发，系统论述关于谐波减速器的运动误差、刚度和摩擦3种动力学特性的最新研究成果，总结分析谐波减速器动力学特性和建模研究所面临的挑战以及未来发展的方向（作者评述前人的研究结果，并指出未来的研究方向）。

2.4.3 综述论文的特点

综述论文参考文献部分是指本文献综述引用和参考的文献，应详细列举并注明篇目、著者、出处等。参考文献著录不仅表示对被引用文献作者的尊重及引用文献的依据，而且为读者深入探讨有关问题提供了文献查找线索。

在综述论文中最常出现的问题就是文献缺乏学术性，人云亦云，文献综述中“听不到作者自己的声音”，既没有个人的观点，也没有对文献加以评判和运用，它可以是任何一个人所写的，文献综述变成简单地罗列文献。综述论文是通过对各种观点的比较说明问题的，读者如有兴趣深入研究，可按其参考文献查阅原文，因此必须严肃对待之。

参考文献是综述论文的重要组成部分，它列出了论文中引用的所有文献，不仅体现了作者对原作者的尊重，也表明引用的文献是有根据的。参考文献的数量一般要求在30～50篇，如果是英文类文献综述的话可能会更多甚至上百篇。

2.5 科技查新规定

科技查新简称查新。查新机构根据查新委托人提供的需要查证其新颖性的科学技术内容,按照《科技查新技术规范》(GB/T 32003—2015)操作,经过文献检索与对比分析,并得出结论。科技查新是科学研究、产品开发和科技管理等活动中的一项重要基础工作。

科技查新是文献检索和情报调研相结合的情报研究工作,它以文献为基础,以文献检索和情报调研为手段、以检出结果为依据,通过综合分析,对查新项目的新颖性进行情报学审查,写出有依据、有分析、有对比、有结论的查新报告。也就是说,查新是以检出文献的客观事实来对项目的新颖性做出结论。因此,查新有较严格的年限、范围和程序规定,有查全、查准的严格要求,要求给出明确的结论,查新结论具有客观性但不是全面的成果评审结论,这些都是单纯的文献检索所不具备的。

2.5.1 科技查新的对象

科技查新在概念上容易与文献检索及专家评审混淆。

文献检索是针对具体课题的需要,仅提供文献线索和原文,而不对课题进行分析和评价。

专家评审主要是依据专家本人的专业知识、实践经验、对事物的综合分析能力以及所了解的专业信息,对被评对象的创造性、先进性、新颖性、实用性等做出评价。评审专家的作用是一般科技情报人员无法替代的,但具有一定程度的个人因素。

科技查新主要面对的对象包括:申请国家技术发明奖,国家科技进步奖;申请国家863、973等高技术研究发展计划项目;申请国家自然科学基金项目,省、市自然科学基金项目和一般科技项目立项;科技成果验收、评估、转化;科技成果转让;申请国家发明专利;国家重点实验室评估;博士生课题开题报告;其他国家、地方或企事业单位有关规定要求查新的。

2.5.2 科技查新的作用

1)为科研立项提供客观依据

科研课题在论点、研究开发目标、技术路线、技术内容、技术指标、技术水平等方面是否具有新颖性,在正式立项前,首要的工作是全面、准确地掌握国内外的有关情报,查清该课题在国内外是否已研究开发过。通过查新,可以了解国内外有关科学技术的发展水平、研究开发方向,是否已研究开发或正在研究开发,研究开发的深度及广度,已解决和尚未解决的问题等,对所选课题是否具有新颖性的判断提供客观依据。这样可防止重复研究开发而造成人力、物力、财力的浪费和损失。

2)为科技成果的鉴定、评估、验收、转化、奖励等提供客观依据

查新可以为科技成果的鉴定、评估、验收、转化、奖励等提供客观的文献依据,还能保证科技成果鉴定、评估、验收、转化、奖励等的科学性和可靠性。在这些工作中，若无查新部门提供可靠的查新报告作为文献依据，仅仅凭借专家小组的专业知识和经验，难免会有不公正之处，可能会得不出确切的结论。这样既不利于调动科技人员的积极性，又妨碍成果的推广应用。高质量的查新，结合专家丰富的专业知识，可防止上述现象的发生，从而保证鉴定、评估、验收、转化、奖励等的权威性和科学性。

3）为科技人员进行研究开发提供可靠而丰富的信息

随着科学技术的不断发展，学科分类越来越细，信息源于不同的载体已成为普遍现象，这给获取信息带来了一定的难度。有关研究表明，技术人员查阅文献所花的时间，约占其工作量的50%，若通过专业查新人员的查新，则可以大量节省科研人员查阅文献的时间。查新机构一般具有丰富的信息资源和完善的计算机检索系统，能提供从一次文献到二次文献的全面服务，可检索科技、经济、商业等资料的数据库，内容涉及各种学术会议和期刊的论文、技术报告、学位论文、政府出版物、科技图书、专利、标准和规范、报纸、通告等，保证信息的回溯性和时效性，基本能满足科研工作的信息需求。

2.5.3 科技查新报告内容

查新咨询服务的结果是为被查课题出具一份查新报告，称之为“科技成果查新证明书”，该证明书包括封面、正文及签名盖章等内容。正文为证明书的核心，包括以下三项内容。

1）课题的技术要点

根据用户提供的研究报告及其他技术资料写出的课题的概要，重点表述主要技术特征、参数、指标、发明点、创新点、技术进步点等。

查新项目的“科学技术要点”应充分反映出查新项目的概貌，简述项目的背景技术、要解决的技术问题、解决技术问题所采用的方案、主要技术特征、技术参数或指标、应用范围等相关技术内容（切忌与主要技术内容无关的空泛叙述以及修饰性、广告性宣传用语）。

对各种目的的查新，从写法上要有所侧重，详述如下：

（1）立项查新。应概述项目的国内外背景，拟研究的主要科学技术内容，要研究解决哪些问题，达到的具体目标（指标）和水平。

（2）项目鉴定类查新。应简略说明项目的研究背景，介绍项目的主要科学技术特征，已完成项目与现有同类研究、技术、工艺相比所具有的新颖性所在，主要创新点，体现项目科学技术水平的数据和量化指标。

（3）科学研究类项目。应简要说明项目所在领域的背景、发展趋势，阐明研究的意义、学术水平、主要创新点和优点。

（4）专利申报项目。应阐明项目的主要技术特征或权项范围、与现有（专利）技术的比较，突出项目的创新内容。

（5）开发类项目（产品、技术）。应简述其用途、功能，介绍能反映其技术水平的主要工艺（技术组合）、成分、性能指标等数据，与国内外同类产品的参数对比，项目已达到的规模

(小试、中试、工业化生产)及效益。

(6) 申报科技成果奖励项目。应说明项目的国内外背景、基本原理和技术指标,以及与同类研究相比项目达到的水平,产生的经济效益、社会效益和推广应用前景。

2) 检索过程

检索过程包括对于应用查新课题选用的检索系统、数据库、检索年限、检索词、检索式及检索命中的结果。

查新点是技术要点中要求查证新颖性的部分,即体现该项目新颖性的全部技术创新点。查新点一般从技术要点中提取,或者是技术要点中技术关键的全部,但不要把查新项目中的一般性技术特征列为查新点。

查新点是查新人员拟定检索词和制定检索策略用于对比分析和判断新颖性的依据,写法上要精练明确、条理清楚。委托人有多个新颖性查证要求的项目,要逐条列出,以便在查新结论时进行对照,分别针对每一个查新点作新颖性结论。

查新要求是指查新委托人对查新提出的具体愿望。一般分为以下四种情况:

(1) 希望查新机构通过查新,证明在所查范围内国内外有无相同或类似研究。

(2) 希望查新机构对查新项目分别或综合进行国内外对比分析。

(3) 希望查新机构对查新项目的新颖性做出判断。

(4) 其他要求。

检索词是指能准确表述课题研究内容及查新点的中英文关键词,需要列出各种相对应的同义词、缩写词、相关词、分类号、专利号、化学物质登记号等,用词要符合本专业词汇规范。

3) 查新结果

对查新课题与以上命中的结果进行新颖性及先进性对比分析,最后得出查新结论。查新结果的具体内容会因查新的领域、目的和范围而有所不同。一般而言,查新结果是对某一特定主题或项目进行新颖性评估后得出的结论。通常包含以下几个部分:

(1) 概述与查新主题相关的已有研究或成果,包括国内外的研究现状、主要观点、技术进展等。

(2) 将查新内容与已有文献或成果进行对比,分析其中的异同点,指出查新内容在哪些方面具有新颖性。

(3) 基于对比分析,判断课题是否具有创新性、突破性、实用性等。

(4) 总结查新结果,给出明确的结论,如查新内容是否具有新颖性,以及相关的建议或展望。

具体的查新结果会根据查新报告或查新申请的具体要求而有所不同。例如,在科研领域,查新结果可能包括查新内容与已有研究成果的差异点、潜在的创新点以及对后续研究的意义;在专利申请中,查新结果则可能关注查新内容是否满足专利法规定的新颖性和创造性要求。

第3章 学位论文开题

贤圣定意于笔，笔集成文，文具情显，后人观之，以见正邪。

——王充《论衡·佚文》

开题是工科学生学术生涯不可或缺的一项工作，是保证学生学位论文质量的重要环节。开题以报告会的形式展开，专家团队结合学生开题报告的相关研究内容进行严格审查，并针对所发现的问题提出专业的建议及指导。本章将首先介绍开题的意义，其次详细阐述开题报告各部分的撰写技巧，最后讲解开题的流程及需要注意的事项。

3.1 开题报告的撰写

3.1.1 开题的意义

开题的意义在于向专家汇报学位论文工作的准备情况，请专家帮助判断选题是否有价值、问题是否明确、思路是否清晰、方法是否得当、论证是否有缺陷等，并请专家提出意见与建议，以达到进一步明确研究问题、理清研究思路等目的。在工科学生教育的整个过程中，学位论文的质量是衡量工科学生培养质量的重要标志。而论文的质量很大程度上取决于论文开题报告的质量。若将论文开题视为形式，将会导致课题研究起来没有目标、没有方向、没有思路。开题报告做得细致，前期可能花费的时间较多，但写起论文来会事半功倍。

选题和开题报告首先要得到导师的认可，但选题是否合理、研究思路是否明确，还需要博采众长，多听取其他专家的意见。

3.1.2 开题报告的结构

通常，开题报告作为学术研究的初步规划，在形式上没有严格和统一的结构要求，但其大多数结构框架没有实质性的不同。这种结构上的共通性不仅体现了学术研究的规范性，还确保了开题报告内容的完整性和逻辑的连贯性。一般开题报告结构有如下几种：

结构一：

一、引言

(一) 选题背景

(二) 研究的目的及意义

二、文献综述

三、研究内容与技术路线

四、研究方法与手段

五、研究条件

六、预期成果及可能存在的问题

结构二：

一、研究目的及意义

二、文献综述

三、研究思路与方法

四、研究内容与框架

五、研究计划

六、参考文献

结构三：

一、选题背景

二、研究意义

三、文献综述

四、研究方案

(一) 研究目的

(二) 研究内容

(三) 研究方法

(四) 研究思路

五、创新之处

六、写作进度

七、论文框架

八、参考文献

结构四：

一、文献综述

(一) 研究背景

(二) 研究意义

(三) 总结与展望

(四) 参考文献

(五) 附录

二、研究的创新性

三、研究目标和内容

四、拟解决的关键性问题

五、研究方法和技术路线

六、计划进度和预期成果

七、已有工作基础

尽管在不同研究领域或特定需求下，具体细节可能会有所调整，但开题报告的核心组成部分基本保持一致。本书建议的开题报告逻辑结构和内容顺序如下：

1）逻辑结构

开题时，重点向专家汇报的内容大致有三方面：

(1) 研究的问题是什么？

(2) 为什么研究这个问题？

(3) 如何解决这个问题？

就前两方面来说，通过文献综述向专家清晰地展示这三方面的内容：首先，介绍要研究的问题是什么；其次，目前国内外的研究现状是什么，还存在什么样的问题没解决(这个问题对该课题的研究非常重要，该开题的研究就是要弥补这方面的缺陷)，这反映了研究的意义；再者，是研究的创新性，与现有研究相比，该开题关联研究的突破与贡献是什么，这同样属于研究的意义。

就第三个方面来说，需要清晰地阐述要解决这个研究问题的目标是什么，为实现这个目标，需要研究的具体内容有哪些，拟解决的关键性问题是什么，准备采用什么样的研究方法，之后可以简明扼要地写出技术路线，再进行可行性分析。

由此可见，需要按照研究的问题是什么、为什么研究这个问题以及如何解决这个问题的顺序来完善开题报告的各部分内容，其逻辑结构如图 3-1 所示。

- 研究问题
  - 是什么、为什么（文献综述）
    - 1. 提出问题
    - 2. 研究意义
    - 3. 创新性
  - 准备如何解决
    - 1. 研究目标
    - 2. 研究内容
    - 3. 拟解决的关键性问题
    - 4. 研究方法和技术路线
    - 5. 可行性分析
    - 6. 计划进度和预期成果

图 3-1 开题报告的逻辑结构

2）内容与顺序

按照上述逻辑结构，开题报告的内容与顺序如下：

一、文献综述

二、研究的创新性

三、研究目标与研究内容

四、拟解决的关键性问题

五、研究方法和技术路线

六、计划进度和预期成果

七、已有工作基础

3.2 开题报告各部分内容

3.2.1 文献综述

文献综述是开题报告的重要组成部分，也是开题报告的依据和背景。开题报告的文献综述旨在通过全面回顾与所选课题相关的国内外研究文献，来阐述该研究领域的现状、发展趋势以及现存的问题和缺口。

3.2.1.1 文献综述撰写前准备工作

(1) 进行广泛而深入的文献搜索，包括利用学术数据库、图书馆资源等，以确保涵盖与研究主题相关的最新和最全面的文献。重点关注领域内的权威期刊、核心论文以及学术会议的发表内容。

(2) 对搜集的文献进行筛选和分类,选择与研究主题密切相关且具有学术权威性的资料。对所选文献进行分类整理,按照主题或算法进行分组,以便于后续的分析和讨论。

(3) 分析关键趋势和发展,并讨论分析在该领域内的主要研究趋势和发展动态。这可能包括理论的演变、方法的创新或新的研究发现。重点关注近几年的文献,以反映最新的研究进展。

(4) 重点关注研究空白和待解决问题。在文献综述中,特别关注那些尚未充分探讨或存在争议的问题,这些研究空白或问题可能是可以进一步深入探讨的领域,也是论证研究重要性和必要性的关键。

(5) 批判性思维和综合分析。不仅是罗列和总结前人的研究,而且要进行批判性的思考和综合分析。这包括对现有研究的方法、结论进行评价,指出其优势和局限性,并探讨这些研究对自己课题的启示和影响。

(6) 建立研究内容与现有文献的关联,明确指出自己的研究与现有文献的关系。说明自己的研究是如何在现有的基础上进行的,它将如何填补现有的知识空白,或对现有理论和实践提出新的想法。

3.2.1.2 文献综述撰写具体方法

文献综述大致包括研究背景与意义(涉及引述文献)、总结与展望、参考文献、附录四个部分,接下来围绕这四部分进行具体介绍。

1) 研究背景

研究背景的作用在于让读者对文献综述有个总体把握,主要是“回答是什么和为什么选择这个课题进行研究”的问题。这部分应该清晰、准确地介绍研究的背景。

(1) 阐述问题的现状。介绍所研究问题当前的状态,包括已有的研究成果、存在的知识空白或研究的不足。这需要开题学生广泛阅读相关文献,确保其对研究领域有深入的了解。

(2) 说明研究的必要性。基于问题的现状,说明需要进行这项研究的原因。可能是填补已知的知识空白、解决一个实际问题,或是验证某个理论等。

(3) 关联社会经济背景。可以说明所研究内容与当前的社会经济背景之间的联系,例如怎样响应了某个社会需求或经济挑战。

2) 研究意义

研究意义说明选择这一研究主题的原因,以及研究可能带来的理论与实践上的贡献:

(1) 理论意义。说明开题学生的研究对理论发展的贡献,可能是提出新的理论框架、概念、假设,或是对现有理论的补充和完善。

(2) 实践意义。描述研究对实际应用的重要性,例如解决特定问题、提高效率、促进政策制定等。强调研究成果的实用价值和潜在的社会影响。

(3) 创新点。明确指出开题学生的研究相比现有研究的新颖之处，无论是在方法论、理论贡献还是实践应用上。

3）引述文献的组织方法

引述文献在开题报告的文献综述里面很关键，在文献综述中大量篇幅是引述文献。在安排结构时，要保持研究背景和意义部分的逻辑性和条理性。在引述相关文献时，应该以一种有序的方式来组织，而不是随意堆砌。常用的组织文献的方法如下：

(1) 按照年代顺序进行组织。这种方式的优点对于呈现研究主题随时间的发展和变化特别有效。可以清晰地展示研究领域或特定主题的发展历程和演变趋势，也可以让读者更容易识别出某一领域内的研究趋势、转折点或重要的里程碑事件。其缺点是仅按年代顺序组织文献，可能会忽略不同研究之间的主题性或理论性联系，使得文献回顾缺乏对概念和理论框架的深入分析，也可能导致所有文献看起来同等重要，而实际上某些关键性或突破性的研究应获得更多的关注和分析，从而难以把握各项研究的相对重要性或理解研究间的逻辑联系。

(2) 按照发展阶段进行组织。这种方式特别适用于展示研究领域的演变过程和理论的发展。其优点是可以更容易地揭示理论的发展脉络，包括理论的起源、演进以及当前的状态，有助于理解研究主题的深层次结构。其缺点是可能会过度简化复杂的研究历程，特别是当多条研究线索交织时，可能会忽略不同线索之间的互动和影响。

(3) 按不同次级问题进行组织。这种方式可以提高文献综述的针对性和深度。通过集中讨论与特定子问题相关的文献，可以更深入地探讨每个问题的研究现状、主要发现和理论贡献，提高文献综述的专业性和针对性。但确定如何分类和定义次级问题可能是一项挑战，尤其是在跨学科或广泛的研究领域中，需要仔细考虑如何平衡细节和全局视角。

(4) 按照不同观点进行比较描述。这种方式有助于揭示研究主题内部的复杂性和多样性。通过比较不同的观点，可以鼓励研究者从多个角度审视问题，增强批判性思维能力，进而更好地评估各种观点的优劣和适用性。但可能存在主观偏好的风险，研究者可能无意中更偏向某些观点，从而影响文献综述的客观性和公正性。

建议不要分别对国内和国外的研究进行评论。通常，这样做会出现两个问题：①两部分的篇幅严重不均衡，总会出现一方内容过多、另一方内容不足的情况；②一项研究可能是国内外学者共同合作的成果，难以明确划分其归属为国内或国外研究。因此，建议将国内外的研究整合在一起进行综述，这种方法不仅能简化工作流程，还能增强文献综述对特定主题的专业性和针对性。

4）总结与展望

总结应紧密围绕研究问题执行，其核心目标在于构建已有研究与开题学生的研究之间的联系。

在文献综述之后，紧接着阐述研究目标、内容及方法等是常规做法。为了确保开题学生的研究与已有研究之间展现出学术上的继承与发展关系，关键在于通过总结现有研究情况，构建两者之间的桥梁。然而如何实现这一点呢？通常的做法是首先对现有研究在主题、方法论、思维逻辑及观点等方面予以正面评价，随后指出其存在的不足，例如忽略的问题、未彻底解决的议题，或在理论、方法论、视角上的缺陷等。更重要的是，指出这些不足或问题应是开题报告中所要探究和解决的核心内容。通过这种方式，现有研究中未解决或未完全解决的问题与即将开展的研究课题之间，建立了明确的联系。

展望部分是基于现有研究成果和存在的不足，提出未来研究的方向和可能的创新点。这不仅包括识别和填补现有知识的空白，也涉及采用新的理论框架、方法论或技术来探索未解决的问题。应该明确指出哪些领域需要进一步的实证研究，哪些理论需要验证或修正，以及哪些新兴领域具有研究潜力。展望部分不仅展示了对现有文献的深入理解，还表明了作者对未来研究趋势的洞察力和创新意识。

总结应紧密围绕研究问题执行，其核心目标在于构建已有研究与作者的研究之间的联系。

5）参考文献的总体要求

参考文献是为撰写开题报告而阅读、引用的文献，数量上一般不少于学位论文后面的参考文献。总体要求包括：

(1) 文献类型要全面。专著、期刊论文、学位论文、会议论文、重要报纸文章、网络资料等都要涉及。

(2) 权威性与代表性。评估文献的质量并非易事，通常依据文献作者的学术地位（例如是否为该领域权威或为普通研究人员）和其所在机构（如北京大学、清华大学等顶尖大学或其他专业机构）以及文献发布的渠道（SCI/EI 收录期刊或其他核心期刊）来间接评估。虽然此方法略有不足，但在高级别期刊上发表的论文通常质量更高。

(3) 相关性高。这直接关系到文献综述的质量和研究的深度，确保文献综述紧密围绕研究主题展开，为研究提供必要的理论基础和现实背景。紧密相关的文献能够增强研究的逻辑性和说服力，使读者能够更清晰地理解研究的创新点和价值。

(4) 发表日期新。优先选用近3～5年内发表的文献，这样的文献更能反映当前研究的最新进展。尽管如此，一些经典著作或文献因其不朽的价值而仍值得参考。

(5) 引用文献数量足。文献综述篇幅过少往往意味着研究不够深入。一般而言，引用文献数量应在50～80篇，文献综述篇幅大约为8～10页。当然，具体数量还需要根据各学校的具体要求。

6）附录

文献综述的附录是指文献综述部分之后附加的部分，用于提供额外的信息和资料；如果直接包含在正文中可能会使文章显得冗长或分散主题焦点。任何对理解一篇文献综述有价值但在正文中显得过于烦琐的材料都可以考虑放入其附录中。如果附录包含多个部分，应为每部分赋予一个标题或编号（例如附录A、附录B等），以便读者查找和引用。附录可以包括广泛的内容，如详细的数据表、研究方法的补充说明、复杂的计算公式、长篇的问卷调查表格等。在文献综述中，附录的使用可帮助读者深入了解研究背景，同时保持正文的简洁性。

3.2.2 研究的创新性

创新体现在相较于现有的研究成果，所提出观点的意义及价值的新颖差异。这包括但不限于新的理论框架、研究方法、资料来源、分析视角、学术观点及问题解决方案等。

创新点的撰写策略如下：首先明确创新所在的层面（例如研究方法、分析视角或学术观点等）；其次概述该领域当前的研究现状，提供背景信息；最后详细描述所提出的创新之处在哪里。举例如下。

例 1 论文的题目为《反作用轮的微振动特性与隔振技术研究》，开题报告中的创新点总结为：

(1) 分析反作用轮的微振动机理，考虑转子不平衡、轴承瑕疵和结构模态及耦合因素，结合稳态经验模型和数学解析模型建立反作用轮的微振动扩展模型，更具扩展性和通用性。

(2) 利用奇异值分解和改进后的赤池信息准则提出具有较强自适应性的 AIC-SVD 降噪方法，能稳定有效地移除振动中的噪声分量；采用分箱算法和阶次比实现主要振源的快速识别与贡献量计算，提高特征参数提取与辨识的准确性，更加直观地反映反作用轮的微振动特性。

(3) 设计反作用轮的非线性隔振器，分析结构非线性特性；采用合适的非线性振动求解方法对振动方程进行求解，提高系统稳态响应与传递率的计算精度及效率，识别对应的稳态解和非稳态解，确定有效隔振的起始频率及范围。

例 2 论文的题目为《卫星框架结构振颤能量传递规律与路径分析方法研究》，根据前期调研在开题报告中总结课题的创新性如下：

(1) 将卫星结构框架划分为包括梁、板、连接件等部件的子系统，考虑螺栓和角片对振颤传递的影响，采用能量有限元法对卫星框架振颤传递规律进行分析。

(2) 根据振颤传递特征，建立卫星振颤的传递路径分析模型，提出更快速精密的分析方法划分各组振源—路径—响应点，确定主传递路径。

(3) 结合有限差分法确定不同子系统的测点布置方式，获取振颤传递特性数据，为振颤传递的实验研究提供技术指导。

3.2.3 研究目标与研究内容

3.2.3.1 研究目标

1) 研究目标的内容形式

研究目标定义了课题研究所期望实现的最终成果或影响，通常以两至三句话进行概述。它细化了研究题目，代表了对研究内容的精炼总结，可以通过分点列出或以一段连贯的文本形式等表达。

(1) 分点列出。可以将研究目标分解为几个(一般情况下是2～3个)阶段性目标。以"智能交通系统中的车辆流量预测"为研究课题,举例:

① 收集并分析城市交通流量的相关数据,包括但不限于车辆计数、速度、天气条件以及特殊事件信息,以建立数据分析基础。

② 开发一个基于机器学习的算法模型,能够根据历史和实时交通数据准确预测短期和长期的车辆流量。

③ 通过实际交通数据对预测模型进行验证,评估其准确性、稳定性和可靠性,确保模型在不同条件和场景下的有效性。

④ 将预测模型集成到智能交通系统中,评估其对交通管理和规划的实际影响,并根据反馈进行模型的持续优化和调整。

上例采用了分点列出的方法,但不足的地方在于目标有点多,看起来更像是研究内容。修改如下:

① 收集城市交通流量数据,构建智能预测模型。

② 基于实证数据,验证模型在各种环境下的准确性。

③ 持续调整和优化预测模型。

(2) 以一段连贯的文本形式表达。如:通过收集城市交通数据,构建智能预测模型;基于实证数据验证模型各种环境下的准确性;依据反馈进行必要的模型优化和调整。

只要正确掌握写作方法,分点列出和以一段连贯的文本形式表现出来的效果是一样的。

2) 研究目标注意事项

(1) 研究目标应当具有专一性。在学术论文中,研究通常聚焦解决特定问题,因而不宜设立过多目标。设定过多的目标往往反映出研究焦点不够集中或概念提炼不足,这不仅可能导致目标难以达成,还可能使读者难以捕捉到文章的核心论点。

(2) 研究目标需与研究内容紧密相关。确立的研究目标应概括并引导整个研究课题,确保与研究内容之间存在内在的一致性。这种一致性有助于确保研究的连贯性,使研究过程和结果构成一个有机的整体。

3.2.3.2　研究内容

研究内容的构成应直接衍生出自设定的研究目标,包含若干明确的部分,每部分都旨在实现特定的研究目标并解答研究中的关键问题。设计研究内容时,应确保其紧密围绕研究目标展开,具备清晰的逻辑联系和结构层次,以便逐步深化研究的深度和广度。研究内容、论文题目、研究目标之间的相互关系是:以论文题目为核心,围绕该题目制定研究目标,并据此划分研究内容。

以"智能交通系统中的车辆流量预测"为例,其研究目标包括:

收集城市交通流量数据,构建智能预测模型;基于实证数据,验证模型在各种环境下的准确性;持续调整和优化预测模型。

相应地，研究内容分为三个主要方面：收集城市交通流量的相关数据，开发一个能够根据历史和实时交通数据准确预测短期和长期车辆流量的模型；通过实际交通数据对预测模型进行验证，评估其准确性、稳定性和可靠性，确保模型在不同条件和场景下的有效性；将预测模型集成到智能交通系统中，评估其对交通管理和规划的实际影响，并根据反馈进行模型的持续优化和调整。

由上述可以看出，每一项研究内容都是为了达成相应的研究目标而精心设计，确保研究的连贯性和系统性。

3.2.4 拟解决的关键性问题

拟解决的关键性问题构成为研究课题的核心挑战与焦点。研究重点代表了研究议题中最为重要的方面，是整个研究工作的中心。然而研究难点则指出了在研究过程中遇到的主要困难，这些难点可能因材料的获取难度、数据收集的时间成本或研究主题的敏感性而异。例如，如果研究所需的关键信息或数据受到保密性限制，使得获取这些信息变得复杂，那么信息获取便构成了一个重大难点。同样，当研究依赖于大规模的实验数据，而这些数据的收集过程既耗时又复杂时，数据收集工作便成了一个显著的挑战。进一步地，若研究涉及敏感话题，则可能会在选取调查对象或实验样本时遇到特别的难题，这同样是研究中的一个关键难点。

拟解决的关键性问题应该清晰明确地列出，表述应简洁、具体，避免过于宽泛。常见的方式有以下几种。

1）分点列出

分点列出是最常见且直观的方法，通过分条列出每一个关键性问题，使得问题清晰可见，易于理解。每个问题前可以用数字或者项目符号标注，确保结构的条理性和清晰性。

例如，某研究生论文《经编布匹色差检测系统研究》，其拟解决的关键问题可以列出如下：

1）不同观察条件下经编布匹颜色刺激的度量

现有色差检测只能在 CIE 规定的参考观察条件下使用，而照明、媒介、物理尺寸、织物等都会影响色差的检测。此外，工厂光线还会使实际光源环境变为非标准光源环境，利用视觉系统进行颜色检测与度量时需将颜色、观察条件、图像本身属性考虑在内建立图像色貌模型。

2）经编布匹图像偏色矫正及拼接

非标准观察条件下图像出现偏色，影响色差检测。此外，多相机采集 1.2～2 m 幅宽经编布匹图像的视野叠加区域连接痕明显，图像内存超 50 MB，电脑读取、处理速度缓慢，影响验布速度。

3）色差判断时视觉系统具有模糊特性

色差检测及判定及计算离不开光源、物体、人眼及大脑，且受人的心理因素影响。建立经编布匹图像色貌模型时需考虑视觉系统的空间模糊性、色貌知觉性和色彩分辨力。

4）复杂背景下经编布匹颜色特征提取

印花经编布匹的颜色特征提取受布匹纹理的影响，因此需要设计颜色特征提取网络，实现色彩分离、空间滤波处理及色差检测。

2）问题流程图

利用流程图来展示关键性问题及其解决步骤的逻辑流程，特别适合于流程化或阶段性强的研究。通过图示每个问题如何衔接、解决步骤及其相互之间的关系，能够增强问题表述的直观性和动态性。

例如，某研究生论文《基于机器视觉的花布瑕疵检测方法研究》，其拟解决的关键问题如图 3-2 所示。

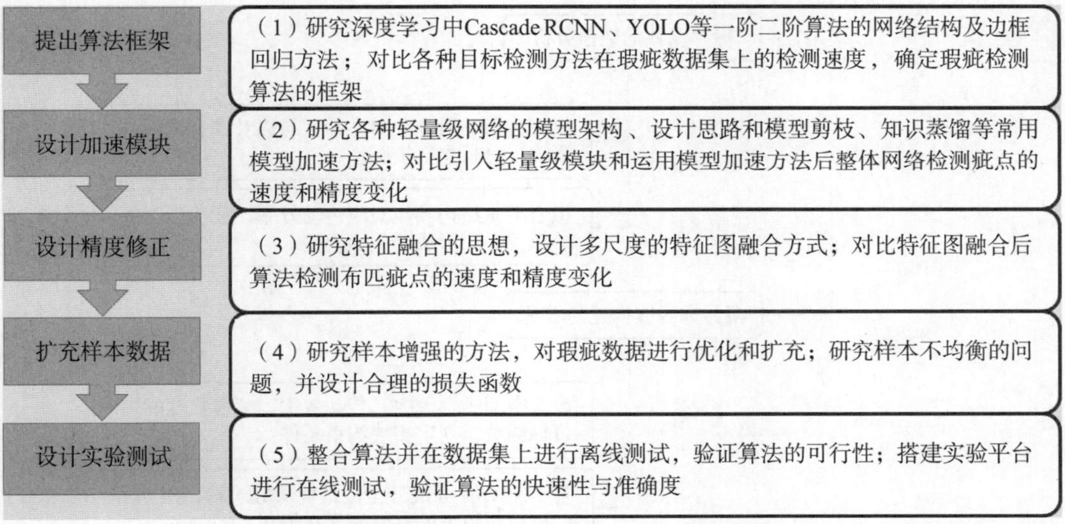

图 3-2 《基于机器视觉的花布瑕疵检测方法研究》拟解决的关键问题

3）问题树形图

对于复杂的研究课题，采用问题树形图的方式可以更直观地展示问题之间的逻辑关系。这种方法特别适用于展现问题的层次结构和相互依赖关系，有助于研究者和读者全面理解研究的深度和广度。

例如，某研究生论文《谐波减速器啮合机理分析及多目标性能优化》，其拟解决的关键问题如图 3-3 所示。

对大多数研究而言，分点列出的方式最为简洁明了，特别是当关键性问题数量不多，且相对独立时。这种方法使得问题清晰可见，易于理解。每个问题前可以用数字或者项目符号标注，确保结构的条理性和清晰性。对于结构复杂、问题之间存在层次关系或相互作用的研究课题，问题流程图或问题树形图提供了更多的信息和更深入的理解。这些视觉化工具有助于揭示问题的内在联系，增强逻辑性和系统性的理解。

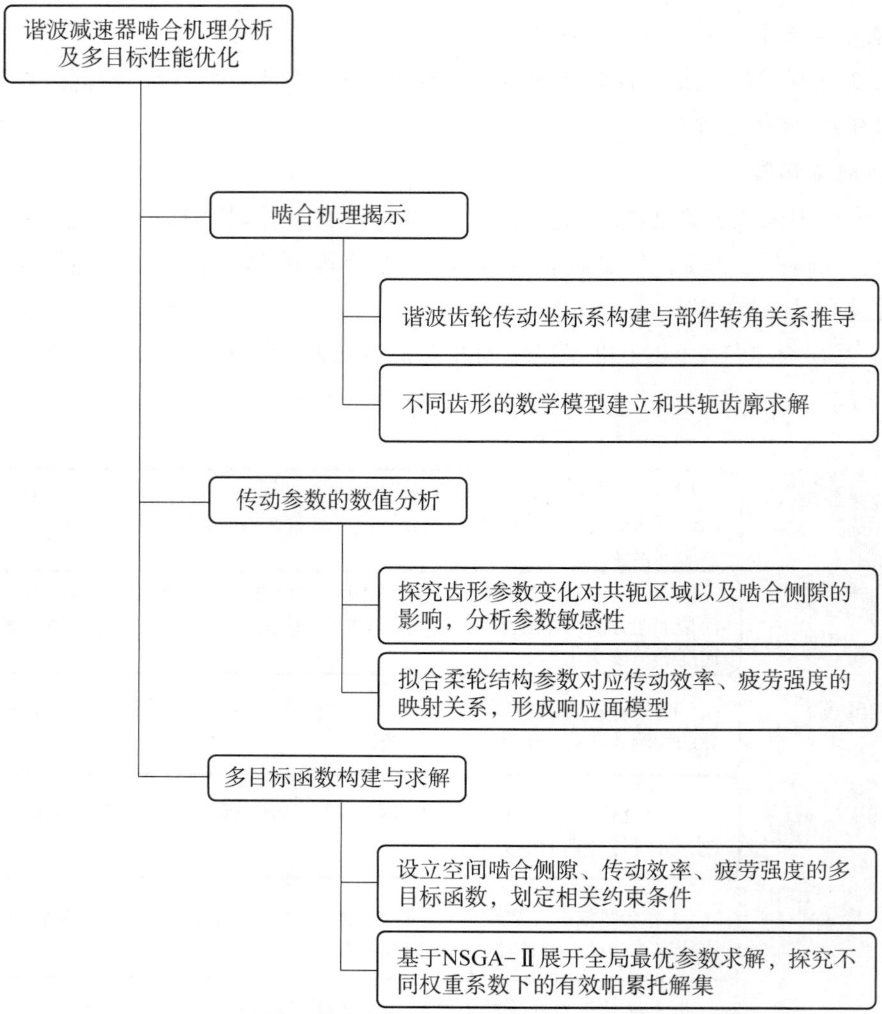

图 3-3 《谐波减速器啮合机理分析及多目标性能优化》问题树形图

3.2.5 研究方法和技术路线

1）研究方法

在开题报告中，研究方法指的是计划采取的科学方法论，其重要性自不必说。它作为一种手段或途径，不仅促成了从已知知识向未知领域的探索，而且构成了理论与实践之间的关键纽带。

研究方法可以分为三个层面：①最高层面是方法论，它涉及研究的基本原理和理论框架；②具体方法层面，这包括研究设计和实施过程中采用的具体策略；③技术层面，指的是用于解决具体研究问题的技巧和工具。在开题报告中，通常强调的是方法论层面，即计划采用的研究方法。由于研究方法应服务于研究问题，因此选择合适的研究方法取决于研究问题的性质，不同的问题可能需要不同的方法，甚至同一问题也可能通过多种方法来探索。以下是几种不同的研究方法：

(1) 文献分析法。对于需要系统整合和评估现有知识体系的研究问题，可以采用文献分析法，通过梳理和分析相关文献，构建研究的理论基础。

(2) 案例研究法。当研究问题聚焦特定实例或情境中的深入分析时，案例研究法能够提供详细且深刻的见解。

(3) 实验法。对于需要验证特定假设或理论的研究问题，实验法能够在控制条件下精确测量变量间的关系。

(4) 调查研究法。当研究问题旨在了解某一群体的行为、态度或特征分布时，调查研究法通过问卷或访谈收集数据，为研究提供量化或质化的支持。

(5) 内容分析法。若研究问题涉及对文本、媒体或其他沟通内容的系统分析，内容分析法可以揭示这些材料中的模式、主题和符号。

通过明确的研究方法层面划分和针对性的方法选择，学术研究能够更加精准地定位研究问题，并采取有效的路径探索未知领域，从而促进知识的发展和创新。

2）技术路线

开题报告中的技术路线是描述研究将如何进行的关键部分，它详细阐述了研究从起始到完成所需采取的步骤和方法。撰写技术路线时，应确保其清晰、具体、可行，且直接支持研究目标的实现。以下是撰写技术路线时应注意的事项和写作技巧：

(1) 明确性。技术路线应明确指出研究的每个步骤，包括数据收集、分析方法、实验设计等，避免模糊不清的描述。

(2) 逻辑性。确保技术路线中的步骤逻辑连贯，每一步骤都是为了达到下一步骤或最终研究目标而必需的。

(3) 可行性。考虑资源、时间、技术等限制因素，技术路线应是实际可行的，避免过于理想化而难以执行的计划。

开题报告中的技术路线建议使用流程图或图表来直观展示研究过程，使复杂的信息结构化和简约化，增强开题报告的可读性和专业性。

3.2.6 计划进度和预期成果

1）计划进度

编写开题报告的计划进度时，应详细规划每个阶段的研究活动、所需时间以及所需资源。下面是以“轴承的寿命预测”为主题的开题计划进度示例（具体根据学制妥当安排进度）：

(1) 2021 年 9—12 月：文献回顾与理论框架构建

目标：系统性搜索并阅读相关文献，分析并总结轴承寿命预测的现有理论与方法，构建初步的理论框架和研究假设。

(2) 2022 年 1—4 月:研究方法论的确定与实验设计

目标:确定研究方法,如实验、调查或数据分析,设计实验方案或数据收集流程,准备实验材料或开发数据收集工具。

(3) 2022 年 5—10 月:数据收集与初步分析

目标:执行实验计划并进行数据收集,然后开始进行数据清洗和预处理等初步的分析。

(4) 2022 年 11 月—2023 年 5 月:深入数据分析与结果说明

目标:应用统计分析和机器学习算法对数据进行深入分析,并对分析结果进行说明,验证研究假设。

(5) 2023 年 6—11 月:论文/专利撰写与发表

目标:整理研究成果,撰写小论文/专利并完成提交。

(6) 2023 年 12 月—2024 年 6 月:撰写大论文与发表

目标:总结所有研究成果,撰写大论文,申请毕业答辩。

总而言之,撰写计划进度时,需要综合考虑研究课题的特点、目标和挑战,采取灵活而细致的规划策略。通过明确的阶段目标、合理的时间安排、充分的资源准备以及定期的进度评审,可以显著提高研究课题的成功率和效率。

2) 预期成果

预期成果部分是阐述研究完成后所希望达到的具体成果和贡献。撰写此部分时,应清晰、具体地说明研究预计将实现的目标、产出的成果类型,以及这些成果对学术界、行业或社会可能产生的影响。预期成果可以包括理论贡献、实证研究结果、技术创新、政策建议、应用模型等。明确指出研究将产生哪些类型的成果,例如是否会形成新的理论框架、提供实验或调查的新数据、开发新的技术或工具、提出行业政策建议等。

在学生的开题报告中,预期成果的核心在于展示研究完成后将产出的学术论文或专利数量,以及最终撰写出符合高标准的学位论文。

3.2.7 已有工作基础

在撰写开题报告中的“已有工作基础”部分时,关键在于清晰地概述开题者个人或其研究团队在相关领域已经完成的工作、所掌握的技术和理论知识,以及这些基础如何为即将进行的研究项目提供支持。具体来说,可以从以下几个方面进行描述:

(1) 个人或团队的先前研究成果。介绍开题学生或其研究团队在研究课题领域已经取得的研究成果,包括发表的学术论文、完成的项目、获得的专利或奖项等。强调这些成果中的关键发现、采用的方法,以及如何为本研究项目提供理论和实践基础。

(2) 掌握的关键技术和方法。阐述开题学生或其研究团队掌握的对本课题至关重要的技术和方法。例如,如果开题学生的团队在应用机器学习技术进行数据分析方面有丰富经验,那就详细描述这些技术的应用背景、实施过程和取得的效果,以及它们如何被应用于研究课题中。

（3）理论知识和概念框架。介绍开题学生或其团队在研究领域内所具备的理论知识和概念框架，以及这些理论如何指导开题学生的研究设计和方法选择。

（4）实验和实践经验。总结在相关领域内通过实验和实践活动积累的经验，说明这些经验如何帮助开题学生更有效地进行本研究项目的研究设计和实施等。

（5）资源和设施。概述开题学生或其团队可以访问的实验室资源和进行当前研究所能够利用的研究设施，这可能包括实验室设备、软件工具、数据库资源等，以及这些资源和设施如何支持研究的顺利进行。

（6）合作网络。如果有的话，还应提及开题学生或其团队在学术或工业界建立的合作网络。描述这些合作关系如何为开题学生的研究提供额外的知识、技术或资源支持。

通过上述各方面的综合描述，“已有工作基础”部分将清晰地展现出研究者在相关领域的研究背景和基础，为当前研究项目的实施提供坚实的基础，并增加研究计划的可信度和可行性。

3.3 开题流程及注意事项

3.3.1 开题流程

开题报告的流程在各高等教育机构中大致相似，尽管在具体细节上可能存在一些差异。一般而言，该流程通常是由多个专家组成的评审团主导，基本步骤包括：

（1）评审团负责人的介绍。首先由评审团负责人介绍参与评审的专家成员。

（2）导师简介。随后导师对参加开题的学生进行基本情况介绍。

（3）学生汇报。学生展示 PPT 并进行汇报，通常持续 15～20 min。

（4）专家反馈。每位专家对学生的开题报告提供指导性反馈，学生应仔细记录，根据专家的建议对开题报告的题目及研究内容做适当修改。

（5）闭会讨论。所有学生汇报结束并且在专家反馈完成后，评审团将暂时闭会讨论开题情况，并就是否通过形成最终意见。

（6）复会公布结果。评审团负责人在复会时公布开题审查的结果。

3.3.2 开题注意事项

（1）通常对开题报告的具体字数没有严格的要求，关键在于明确阐述研究课题“是什么”“为什么”“计划怎么做”的问题，有效地阐述这三个关键方面的信息是开题专家最期待了解的核心内容。

（2）开题与毕业答辩不同，其核心在于“咨询”而非“辩论”。它是一个向专家展示研究的课题“是什么”“为什么”“计划怎么做”的过程，在此过程中，积极听取并记录来自导师及其他专家的意见与建议至关重要，有助于避免未来研究的潜在偏差和困难。

(3) 个人汇报应控制在 20 min 以内,精炼而有组织地突出关键点,避免超时,把更多的时间留给专家。

(4) 汇报内容应满足专家的期待,重点阐述研究的核心问题、研究的必要性以及采用的研究方法。避免仅单一地朗读 PPT,而是应对专家关心的问题提供清晰、有深度的回答。PPT 制作也要图文并茂,注意排版要合理;并可提前找同学练习,保证汇报的流畅。

第 4 章 学位论文的撰写

文章千古事，得失寸心知。
作者皆殊列，名声岂浪垂。
骚人嗟不见，汉道盛于斯。
前辈飞腾入，馀波绮丽为。
后贤兼旧列，历代各清规。
法自儒家有，心从弱岁疲。

——杜甫《偶题》

根据所申请的学位不同，可将学位论文分为学士论文、硕士论文、博士论文三种。完成学位论文是获得学位的重要步骤之一，不仅体现学生的学术水平和研究能力，是对学生研究工作的检验，也是学生成长和未来发展的关键一步。本章首先介绍了论文的选题及绪论的撰写，然后介绍了常见的论文格式，最后介绍了论文的查重及查重后的优化。

4.1 学位论文概述

学位论文是学生申请授予相应学位时评审用的学术论文，是检验作者专业水平和学术能力的重要依据。学位论文是表明作者从事科学研究取得创造性的结果或有了新的见解，并以此为内容撰写而成、作为提出申请授予相应的学位时评审用的学术论文。

学士论文表明作者较好地掌握了本门学科的基础理论、专业知识和基础技能，具有从事科学研究工作或承担专门技术工作的初步能力。硕士论文表明作者在本门学科上掌握了坚实的基础理论和系统的专业知识，对所研究课题有新的见解，并具有从事科学研究工作或独立承担专业技术工作的能力。博士论文表明作者在本门学科上掌握了坚实宽广的基础理论和系统深入的专业知识,在科学和专业技术上做出了创造性的成果,并具有独立从事创新科学研究工作或独立承担专业技术研发工作的能力。

学位论文的撰写要求学生具备扎实的专业知识、独立的研究能力和严谨的学术态度。通过深入研究某一课题,学生能够系统地整理和分析知识,锻炼逻辑思维和批判性思维能力。同时,撰写论文也是学生学术能力展示和提升的过程,有助于培养学生的创新精神和学术素养。

在撰写过程中,学生需要查阅大量文献、进行实地调查或实验,并对数据进行深入分析。这些努力将转化为有价值的学术成果,为学生未来的学术发展奠定基础。此外,学位论文的发表还能增加学生的学术影响力,提升其在学术界的知名度。

学位论文对于学生的职业规划和就业竞争力也具有重要影响。一份优秀的学位论文能够充分展示学生的研究能力和专业素养,为求职提供有力支持。在求职过程中,许多企业和研究机构都会关注应聘者的学位论文成果,以了解其研究潜力和创新能力。因此,撰写一份高质量的学位论文对于提高就业竞争力具有重要意义。

学位论文的撰写要求学生遵守学术道德和诚信原则,不得抄袭、剽窃他人成果。这一要求有助于培养学生的学术道德和诚信意识,使他们具备高度的责任感和自律精神。在未来的学术和职业生涯中,这种道德和诚信意识将成为学生宝贵的品质。

4.2 论文选题

“提出一个问题往往比解决一个问题更为重要”,这是爱因斯坦的至理名言。很多工科学生在进入学位论文写作阶段,虽然能够意识到问题提出的重要性,但无法真正理解问题提出的意义。爱因斯坦对此给出了明确的解释:“因为解决一个问题也许只是一个数学上或实验上的技巧问题,而提出新的问题、新的可能性,从新的角度看旧问题,却需要创造性的想象力,而且标志着科学的真正进步。”爱因斯坦的论述,虽然是基于科学研究的一般意义而言,但对于学位论文选题也具有同样的启示作用。在一定程度上,好的学位论文选题是论文成功的一半。下面分别从选题的原则、来源和过程三个维度来介绍如何开展学位论文的选题。

4.2.1 选题原则

学位论文选题不是一个离散事件,而是一个不断聚焦、不断深入的渐进过程。它是一个由外到里、由浅入深、由现象到本质的过程。学位论文的选题应服从四个原则:科学性原则、应用性原则、价值性原则和创新性原则。

1）科学性原则

学位论文选题的科学性是指选题要以已知的科学理论或技术事实为基础。这是由科学研究的性质决定的。学位论文本身是科学研究的成果形式。科学研究的本质就是揭示事实的客观规律，或基于客观事实的规律来分析、解释、预测和解决复杂的现实问题：①所选课题必须以客观事实或科学理论为依据。一般而言，所选课题要么以充足的事实或实验结果为依据，要么以科学理论或原理为根据。如果既无事实依据，又无理论根据，这样的选题往往很难保证其科学性，且研究的必要性、可行性也是难以确证的。②所选课题要区分真实问题和虚假问题。工科学生在选题的过程中，必须根据自身的专业技能与相关知识背景来辨析研究问题的真实性。例如，众所周知的"制造永动机"就属于虚假问题；此类问题虽然对研究者具有一定的吸引力，但研究是不可能完成的，这就需要研究者对此进行辨别。

2）应用性原则

学位论文选题的应用性是指选题应来源于应用课题或现实问题，要有明确的职业背景和行业应用价值。学位论文反映的是工科学生综合运用知识技能解决实际问题的能力和水平。只有坚持应用性，才能真正实现专业学位论文作为工科学生培养环节的重要意义。

坚持学位论文选题的应用性原则，工科学生需要做到以下几点：①深入实践，不能闭门造车，应对所要研究的问题有切身体会；②广做调研，不能全凭臆想，要广泛听取各种不同的声音；③求真务实，不能弄虚作假，不能为了迎合自己的论点而呈现虚假内容；④要避免无效劳动，在选题前应尽可能多地进行文献检索，了解所研究专业的最新动态，避免重复研究。

3）价值性原则

学位论文选题的价值性是指该选题在该学科领域具有一定的应用价值和学术价值。一篇学位论文的整体水平在很大程度上取决于论文选题是否具有应用价值和学术价值。

学位论文选题的应用价值源于学位论文选题的应用性。缺乏应用价值的选题，通常也难以体现学位工科学生培养的特点。应用价值强调实际可操作性和具体真实的社会效益，不能简单地等同为单纯的操作方法、工作总结、经验汇报等，而应具有一定的思想性。

4）创新性原则

学位论文选题的创新性是指选题要开拓新领域、提出新观点，或者是找到新的角度来进行深入研究。具有创新性通常是学位论文的基本要求。

理论创新需要系统的理论基础和理论研究，相对来说更适合于学术型工科学生，而方法创新则比较适合于专业型工科学生。利用已有理论解决某一实际问题，得出新结果，或利用其他学科领域的研究方法来解决本学科的问题，或发掘和利用新材料、新技术来充实或修正本学科的内容，或选择"热点"中的"冷点"和"亮点"中的"盲点"，独辟蹊径地提出问题，这样则相对容易些。

4.2.2　选题来源

学位论文的选题既不能不进行独立思考完全依赖导师，又不能不假思索信手拈来。一般来讲，确立学位论文选题有以下四个途径：

1）考虑导师的研究方向与课题

研究生导师一般都有自己特定的研究方向，并且在该方向已经有一定的研究积累，取得了一定的成果。学位论文的选题尽可能与导师的研究方向一致，以便获得导师在学术和经费上的支持，有助于按期完成学位论文。研究生的导师一般都承担着一项甚至多项科研项目或横向研究课题，这些课题都是当今学科发展的趋势和国家的需要，并体现导师的研究基础及特色。因此，研究选题应首先考虑导师的研究课题，通过师生共同研究，不仅能在短时间内取得成果，完成科研项目，研究生在科研能力方面也能迅速得到大幅度的提升。

2）参加专业研讨会

参加国际、国内或地区的专业研讨会是选题的另一个来源。实际上，许多研究人员都是通过这些研讨会而成功找到自己的研究课题：一方面，学术研讨会上的信息往往是最新的，从中能了解其他学者最近在从事什么研究、有什么新的观点和新的发现，通过了解会议主题和参加专题讨论，可以把握同一领域内其他学者所关注的热点问题和前沿问题。另一方面，参加研讨会可以接触资深专家，与一些著名专家近距离地交流，向他们请教并建立学术联系。一般来说，某位学者能成为某一领域的专家，在于他在该领域进行了较长时间的研究，对该领域的研究现状与未来发展有一个准确的把握。例如，哪些是需要研究的，哪些热点问题还需要解决或解决得还不够，前人的研究还存在哪些不足等，这些问题都可以在专题研讨会上获得资深专家的指点。

3）生产实践的需要

实践是通向知识的大门，许多学科的课题研究都是问题导向，从实践中提出研究课题是选题的重要来源之一，在实践中会产生许多人们从未研究解决的全新课题，而这些问题无疑可以成为选题的研究对象，许多横向课题都属此类。

4）文献

同一主题下的博士论文，只需看最后的“本文的不足之处”，或“尚需进一步研究的问题”“本研究的局限”“研究展望”等。文献作者在就某一问题进行了较为全面深入的研究之后，发现有些问题也很重要但其论文未涉及，或给出未来研究的建议，这相当于提供了新的选题。

高质量(特指发在SCI、EI等期刊)的文献综述，只需看最后的“既往研究之不足及后续研究之建议”，或“研究结论与建议”“未来研究展望”等。作者就某一主题相关文献进行了全面梳理、综合分析，在把握相关研究情况的基础上，指出了现有研究的缺陷、不足，并给出未来研究建议，这也相当于提供了选题。

4.2.3 选题过程

学位论文的选题是学位论文工作的第一步。虽然是第一步，但成功的选题往往也就意味着学位论文成功了一半。选题过程通常分为七个步骤，分别是确定选题范围、开展选题调研、明确论文形式、进行文献综述、设计研究方案、选择研究工具、撰写开题报告。

1）确定选题范围

确定学位论文的选题范围应重点考虑四个因素，即明确研究领域和研究层级、面向应用课题和现实问题、结合自身能力和个人兴趣、关注专业范围和学校要求。在确定选题范围的过程中，尽可能结合导师的研究课题选题。这类选题能够使得导师的指导更加深入和专业，同时还可以在经费、实验条件、交流讨论等方面给研究生提供更有力的保障。

2）开展选题调研

确定选题后就要对选题进行调研。调研能评估选题的可行性，为选题提供事实依据。调研的核心是实事求是地反映和分析客观事实，要求研究者以问题为导向，亲临第一线，了解新情况、新问题，收集与选题相关的数据资料，有意识地进行探索和研究。

3）明确论文形式

采用何种论文形式是依据所要研究的问题而确定的。总体而言，论文形式要有利于研究问题、方法、结果的呈现。不同的学科类别侧重的论文形式也有所不同。一般而言，人文社会科学学科的学位论文多采用调查研究、实验研究、案例研究等论文形式，而自然科学学科的学位论文则多采用调研报告、产品研发、设计研究等论文形式。

4）进行文献综述

在初步调查和深入研究获取全面资料后，就要进行文献综述。文献综述是大量收集某一领域、某一专业或某一方面的课题、问题或研究专题的相关资料，通过分析、阅读、整理、提炼当前课题、问题或研究专题的最新进展及见解或建议，做出综合性介绍和阐述的一种学术论文。文献综述不是简单地堆砌，而要对其进行分门别类的归纳整理，并有相应的评论。

5）设计研究方案

研究方案是指研究者在正式开展研究之前制订的整个研究工作计划。它初步规定了研究中各方面的具体内容和步骤，是研究者为了完成研究任务而制作的总体规划图。研究方案能明确研究的具体方向和目标，保证研究步骤能有序实施，有利于对研究者进行科学的评价与管理。

6）选择研究工具

研究工具是研究者为解决问题所采用的方法。选取恰当的研究工具，能对问题的解决起到事半功倍的作用。为了更深入地分析研究问题和更有效地解决问题，通常研究工具不拘泥于一种，可多种工具同时使用。研究者在选择研究工具时要了解该种研究工具的适用范围，使之与研究问题有较好的匹配度，能更好地服务于研究的问题。此外，研究工具的选择也要考虑研究者所研究领域的特色和研究工具的成熟度。

7）撰写开题报告

开题报告是检验选题能否成立的关键环节，是对学位论文选题工作的总结，是监督和保证学位论文质量的重要措施。学位研究生写出开题报告后，通常要接受相关专家小组的评议。专家小组主要针对选题的目的和依据、选题意义、研究现状，以及研究内容、方法、技术路线、可行性等进行综合评价，并给出优秀、通过、不通过等结论。

4.3 绪论撰写

绪论是学位论文主体部分的开端，是全篇论文的引子，一般是论文的第一章①。在绪论中，作者需要阐明研究的动机以及写作的理由、目的和意义，提出问题，同时应该提出拟解决问题的方法。一般在绪论的末尾还会介绍论文的章节安排和逻辑关系等。学位论文的绪论较为冗杂，下面详细介绍学位论文绪论内容如何安排以及写作的注意事项。

4.3.1 绪论内容安排

绪论大致包含以下几个方面的内容：①研究的出发点与目的；②研究的主要问题及范围，即研究主题简介；③与学位论文有关的重要文献资料综述，相关领域前人及他人研究成果、水平和知识空白，存在的主要问题以及亟待解决和完善的问题；④理论分析依据、研究设想、研究方法和实验设计的概述；⑤预期研究结果、科学意义和实用价值；⑥研究课题的来源及主要研究内容。

1）研究背景

介绍所研究问题的国内外现状，特别要注意本课题与前人研究的联系。主要围绕“为什么研究这个问题”来开展，可以先从宏观面入手，逐步引导至具体的研究对象，用清晰的逻辑展现出要研究这个问题的原因，突出选题的必要性。

2）研究意义

研究意义主要分为理论意义和现实意义。理论意义指的是研究成果可以在理论方面起到什么作用，例如拓宽了学术视野、更新了某种理论，其多为理论方面的意义。现实意义指的是研究成果在现实方面起到了什么作用，解决了现实中什么样的难题，对某一类群体、行业有着什么样的实际价值。

在阐述意义时切不可夸大作用，如弥补了学术的空白等；要保持谦虚，即使坚持不懈的小进步也是非常有意义的。此处推荐几个词组：拓宽了学术视野、延伸了研究框架、丰富了研究内容、有一定的借鉴意义和参考价值。应简要地阐述本研究的实践意义和理论意义，回答“为什么研究”这一问题。

3）研究内容

研究内容是指为了回答问题或者解决问题所需的理论、方法、方案、事实或者其他依据。这部分要着重阐述本研究所要解决的问题、主要研究方法、研究步骤、预期结果及其与相关研究的异同等。

---

① 本书行文列举需要，按当前如“第一章”形式呈现；实际西式体例的论文中，可相应表示为“第 1 章”，即章序号按阿拉伯数字形式。

4）研究方法

因为研究是一个“发现问题，解决问题”的过程，所以在论文中，也要体现为了解决问题是如何进行操作的。根据学科的不同，研究方法也不相同，大体归为以下几类：

（1）比较研究法。可以与国内外相关领域内容进行比较，并结合研究对象的实际情况进行对比和转化。

（2）解释学法。根据文本本身来诠释理论或制度。

（3）社会学法。关注方法实际使用时的效果，了解原理。

（4）其他方法。包括文献研究法、实证研究法、问卷调查法、访谈法、实验法、定量分析法、定性分析法、个案研究法、历史法。

5）论文创新点

一项研究想要有价值，那就必须具有创新点，无论创新点有多大还是多微观，都属于一种创新。可以从以下切入点来进行创新：

（1）理论创新。在理论方面提出了自己的新见解，拓宽了学术视野。

（2）研究角度创新。通过前人未使用过的新角度来进行研究，得出研究成果，也可以是从微观对象扩展到宏观对象，或从宏观对象聚焦微观对象。

（3）研究方法创新。通过采用一种新的形式来展开研究，包含建立的模型等。

例　《反作用轮的微振动特性与隔振技术研究》

分析：该论文第一章的内容如下：

第一章　绪论

1.1　研究来源

1.2　研究背景及意义

1.3　国内外研究现状

1.3.1　反作用轮微振动特性研究现状

1.3.2　整星隔振技术研究现状

1.3.3　反作用轮隔振技术研究现状

1.4　论文研究内容

由上述可以发现，论文的绪论主要包含“研究来源”“研究背景及意义”“国内外研究现状”“论文研究内容”四个部分。这是大部分工科论文的绪论架构。

“研究来源”，这一部分作者介绍本文的研究来源“国家自然科学基金”或者是“国家重点研发计划”等科研项目，一般这里只放纵向项目。

“研究背景及意义”，这一部分作者需要介绍论文的背景，以及引出论文的研究对象，研究对象存在什么问题，开展论文的研究对于解决这些问题具有哪些重要的意义。

“国内外研究现状”，这一部分类似于文献综述，作者围绕论文的研究内容介绍国内外学者开展的研究，部分撰写者会以“国外研究现状”和“国内研究现状”这样分条来写，这种方式简单粗暴，存在不清晰的问题，建议针对国内外的研究分类整理来写，例如在本例中，作者按照“1.3.1　反作用轮微振动特性研究现状”“1.3.2　整星隔振技术研究现状”“1.3.3　反作用轮隔振技术研究现状”分类介绍。

“论文研究内容”，这一部分通常介绍论文各个章节的安排，根据前面国内外的研究现状，作者总结出目前存在的问题，以及为了解决这个问题，作者将要从哪些方面开展研究，通常这一节还会放上各个章节之间的逻辑关系图。在本例中，作者是这样介绍的：

第一章，介绍本文研究来源和背景，阐述我国航天卫星的发展现状及微振动技术对航天器超精、超静发展的重要意义。讨论卫星微振动产生的主要来源、控制技术和关键科学问题，对国内外学者就该问题的研究现状进行综述，进而提出本文的研究内容和整体框架。

第二章，阐明卫星结构组成和反作用轮工作原理，解析反作用轮转子不平衡与轴承非理想因素所产生的振源特性。基于振源传递路径划分结构系统，考虑转子轴承和壳体弹性因素，利用稳态经验模型、五自由度转子轴承模型和转子轴承壳体模型分步建立反作用轮的动力学模型。结合数值仿真与运行模态试验展开动态响应分析，获取结构模态属性，探讨谐波激励与结构模态作用的共振响应特性，揭示反作用轮微振动的作用机理。

第三章，基于奇异值分解和修正的赤池信息准则提出 AIC-SVD（singular value decomposition combined with the Akaike information criterion）降噪算法，通过仿真分析确定 AIC-SVD 在不同信号上的降噪优势。结合 AIC-SVD 算法和壳体弹性因素对分箱算法做改进，基于改进的分箱算法展开反作用轮微振动的参数提取与辨识。首先，采用六分量测力法获取反作用轮微振动分量，利用改进的分箱算法定位结构模态。通过频率归一化和动态响应拟合提取微振动谐波系数和幅值系数，结合转子和轴承的振动理论辨识谐波振源的主要成分。最后，计算微振动在振源和结构传递上的能量大小，评估振动产生和作用的贡献量分布，指导定制合理的隔振技术方案。

第四章，考虑金属弹簧的构型特点和合金材料的阻尼力学性能，对反作用轮隔振元件展开结构设计与性能研究。通过弹性力学推导螺旋式和横槽式矩形弹簧的刚度模型，研究弹簧轴向、径向的刚度变化特性，识别影响结构刚度的主要特征参数。对比两种构型弹簧的刚度特性，设计并验证螺旋式矩形弹簧的低刚度性能。探讨弹簧构型、材质对结构阻尼性能的影响，基于半功率法对锰铜弹簧展开阻尼比测试；对比不同锰含量和构型弹簧的阻尼比大小，确定 M2052 螺旋式矩形弹簧在低刚度和高阻尼上的隔振性能优势。

第五章，以 M2052 螺旋式矩形弹簧为隔振元件设计六自由度隔振平台，利用 Lagrange 方程建立隔振平台的动力学模型。计算隔振平台动力学模型模态参数，讨论弹簧安装倾角对隔振系统模态的动态影响，结合反作用轮微振动特性进行模态设计。经单自由度和二联耦合振动推导，结合有限元频响仿真和振动传递试验获取隔振平台的传递规律。随后，展开反作用轮单机隔振试验，通过有效隔振率计算和谐波对比分析反作用轮微振动的抑制特性，验证隔振平台对微振动的多向低频抑制性能。基于硬件平台搭建、软件功能开发和低频多点并联悬吊装置设计，集成卫星微振动地面测试系统。利用微振动地面测试系统开展星上微振动地面模拟试验，验证锰铜弹簧隔振平台对敏感载荷的抑制效果。

第六章，总结本文研究工作，分析现有研究的不足和待解决的关键问题，并对后续工作进行展望。

作者给出各章节的逻辑关系如图 4-1 所示。

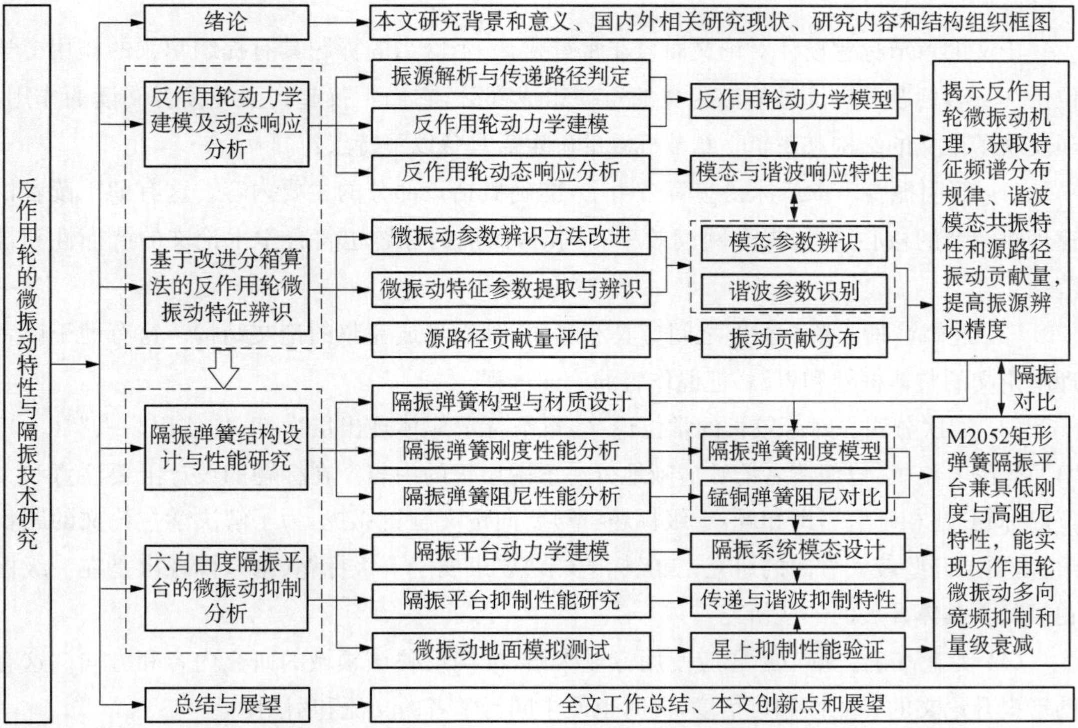

图 4-1 《反作用轮的微振动特性与隔振技术研究》各章节逻辑关系图

4.3.2 写作注意事项

在绪论写作过程中，需要注意以下几点：

(1) 要把观点摆在首位，不讲空话，言之有物，言之有据。

(2) 要善于运用科学的方法，不要信口雌黄、故弄玄虚。

(3) 要反映研究的艰辛过程和最终结果，不要一味渲染、回避问题。

(4) 引用原始材料时，引文要正确无误，论据要典型充分。

(5) 在引文的基础上，自己提出新观点时，要尽量简短，防止长篇大论。

总之，在绪论的写作中，既要体现作者的科学精神和科学态度，又要体现出作者的创造性。

在实际操作过程中，应灵活掌握多种手段进行综合运用。做到格式规范、紧扣主题、层次分明、语言通畅、重点突出，对选题的意义和目的、国内外研究现状、水平和趋势进行分析评估，提出本课题的研究特色、新发现、新观点和新见解，介绍论文将如何展开、叙述的顺序、详略以及使用何种表达方式等。

4.4 论文章节设计

4.4.1 章节标题特点

论文的章节标题设计对论文而言非常重要，一个恰当的标题具有提纲挈领的作用。学位论文章节标题的设计是整篇论文的重要组成部分，它们不仅起到引导读者阅读的作用，还反映了论文的结构和逻辑。章节标题的确定需具备以下特点：

(1) 简明扼要。章节标题应简洁明了，准确概括该部分的主要内容。这有助于读者快速理解章节的核心信息，提高阅读效率。同时，简洁的标题也符合学术论文的严谨性和规范性。

(2) 逻辑清晰。章节标题之间应具有逻辑关联，形成完整的论文结构。这有助于读者理解论文的整体框架和思路，把握作者的论证过程。

(3) 层次分明。对于较长的学位论文，章节标题应体现出层次性，如使用"一、""(一)""1."等编号格式，以便读者能够清晰地分辨不同层级的内容。在标题的设计上要注意和文章的标题"遥相呼应"，即扣题：一级标题(章)要向论文题目靠拢，为了解决学位论文的题目内容，要展开些较大方向的研究；二级标题(节)要隶属于一级标题(章)，体现出是在一级标题(章)下具体开展的一些研究。

(4) 专业准确。章节标题应使用专业术语，准确反映该领域的研究内容和方向。这有助于提升论文的专业性和可信度，同时也便于同行学者的交流和引用。

(5) 避免重复。不同章节的标题应避免重复或过于相似，以免给读者造成混淆。每个章节标题都应具有独特性，能够突出该部分的特点和价值。

(6) 考虑创新性。在保持准确性和专业性的基础上，章节标题可以适当体现创新性和独特性。这有助于吸引读者的注意力，提升论文的影响力。例如，多用"设计""搭建""辨识"这样的动词，让章节标题变成一项动作，而不是一个名词。切忌使用"选择""选取"这样的字眼，这样会导致读者认为整体没有创新性，而是作者根据现有算法或方法去选择一个去解决自己的问题。示例如下：

2.1 花色布瑕疵检测硬件平台
  2.1.1 检测系统组件选择
  2.1.2 硬件平台技术要求
2.2 目标检测算法对比
  2.2.1 两阶段目标检测算法
  2.2.2 单阶段目标检测算法
  2.2.3 花色布瑕疵检测算法选择
2.3 花色布瑕疵检测算法框架

2.3.1　主干特征提取网络

2.3.2　特征融合网络

2.3.3　检测头

2.3.4　损失函数

在这个例子中，从二级标题“2.1　花色布瑕疵检测硬件平台”“2.2　目标检测算法对比”“2.3　花色布瑕疵检测算法框架”可以看出，这三个标题有两个标题是名词，不能体现出论文的创新性。还有三级标题中“2.2.3　花色布瑕疵检测算法选择”如果改成“2.2.3　花色布瑕疵检测算法设计”这样就能体现出论文的工作量和创新性。例如，“2.3.4　损失函数”可以改成“2.3.4　损失函数优化”；“2.3.2　特征融合网络”可以修改成“2.3.2　特征融合网络搭建”等，都可以让论文的内容更显得充实且具有创新性。

学位论文章节标题的设计应遵循简明扼要、逻辑清晰、层次分明、专业准确、避免重复以及考虑创新性等原则。这有助于提高论文的可读性和影响力，使论文能够更好地展现作者的研究成果和学术价值。

4.4.2　摘要与关键词提炼

1）摘要概念及特点

摘要是学位论文的必要部分，以提供学位论文的内容梗概为目的。摘要是学位论文内容的准确概括且不加诠释或评论的简短陈述，是一篇撰写扼要、精练、准确，且可以引用的完整的短文。它反映了整个学位论文的精华。学位论文的摘要应以浓缩的形式概括学位论文研究工作的目的、课题、基本观点、主要内容、研究方法和结论等。

摘要应具有独立性和自含性。独立性和自含性表现为：摘要是一篇学位论文的微型版本，它包含与学位论文同等量的主要信息，使评阅人（或读者）不阅读学位论文全文也能大体把握论文概貌、粗略地判断其学术价值。博士及硕士学位论文摘要，要求用中、英两种文字给出，中、英文摘要内容要一致。摘要用较少的文字把一篇学位论文的内容描述清楚，势必要用最精练、浓缩的语言。

摘要宜采用单刀直入的方法，开门见山且清晰地表达自己最新锐的观点，使评阅人（或读者）从摘要中即可高效地把握学位论文的要点。学位论文摘要应准确、简练、平实：①准确就是选择恰当的词语，准确地表达学位论文的观点。还必须注意语义的确定性，避免产生歧义；注意区别同义词、近义词的差别；采用实用语体，不采用文艺语体。②简练就是用较少的文字表达尽可能多的内容。学位论文摘要力求语言简约、含义丰富、讲究实效、传递高密度信息。因此，要删掉多余的语句，避免重复啰唆。多用短句，少用长句；短句言简意赅、干脆利落、易读易记，能给人留下较深刻的印象。恰当地运用专业用语，会使语言简洁明了。③平实就是平易朴实，不矫揉造作，不追求华丽辞藻。

2）摘要主要内容

学位论文摘要一般采用陈述方式，用第三人称撰写。评阅人评审学位论文时必然首先阅读摘要，但从学位论文写作顺序而言，摘要应在学位论文正文完成以后才着手撰写。学位论文摘要明白无误地告诉评阅人（或读者）学位论文取得的新理论、新技术、新方法的创新点和学术价值所在，因此摘要应采用陈述方式、用第三人称撰写，并用过去时。

撰写学位论文摘要常采用的词语为：提出了、建立了、介绍了、导出了、解决了、阐明了、给出了、确定了、获得了、发现了、找到了、开发出、设计出、探索出、总结出、综合出、验证了、论证了、证明了、充实了、完善了、创立了、研究出了、分析出了、得到了，等等。

摘要应包含下述主要内容：

(1) 学位论文课题说明。指明学位论文课题要解决的主要问题，问题的界定要清晰，并令评阅人（或读者）通过摘要意识到此问题的价值所在。

(2) 学位论文的创新点。摘要应重点反映学位论文在研究对象、研究方法（包括研究方案、技术路线等）和研究结果方面的创新点及研究工作的新贡献、与众不同的新发现。陈述学位论文的创新点应占摘要的大部分篇幅。

(3) 学位论文课题论证途径说明。摘要应展示出学位论文课题在论证方法和技术上的创新之处。

3）写作注意事项

(1) 使用第三人称，不加评论。不用"本文""本研究""作者""我们"，常用"对……进行了研究""报告了……现状""进行了……调查"等；不对自己的研究进行评价，此研究有没有意义、有多大意义，不以自己的评价为准，要靠读者来评价。

(2) 不使用图、表、公式等，不出现注释。论文摘要中出现图表与注释等，这是不规范的。

(3) 重点反映新内容与新观点。摘要是读者用以判断是否需要（值得）阅读全文的一个依据，一方面要客观、全面提供全文最重要的信息，另一方面要突出研究特色、亮点、创新点，以激发读者的阅读兴趣。

(4) 不要写成各章内容介绍。如"全文共分×章，第一章说明课题来源，第二章……最后一章给出研究结论并指出今后研究的方向等"。

(5) 篇幅不宜太长。篇幅太长会影响读者的阅读情绪，可能索性就不读了；会让读者质疑研究者的文字表达能力，即是否具备撰写一篇简短、精练的摘要的能力。

4）关键词提炼

关键词是表达学位论文主题内容的词或词组，主题是指论文的主体内容或中心思想。关键词要有检索意义，因此不能使用太泛指的词，例如"理论""问题""分析""策略"等。关键词应体现论文特色，具有语义性，在论文中有明确的出处。可见，关键词是最能体现论文特点与创新价值的词或词组，对论文具有实质意义。建议每篇学位论文选取 3～5 个关键词，一般从论文题目、章标题、节标题、摘要以及正文的重要段落中选取。用显著的字符另起一行，排在摘要的左下方，每一关键词用逗号或分号分开，最后一个关键词后不打标点符号。英文关键词按相应专业的标准术语写出，每个关键词的第一个字母大写、其余为小写；

每一关键词之间用逗号分开，最后一个关键词后不打标点符号。

例 1 《仿生扑翼飞行机器人自主飞行控制系统设计》摘要

仿生扑翼飞行机器人相比传统飞行器具有隐蔽性好、飞行效率高和噪声低的优点，近年来受到国内外相关机构的广泛关注。仿生扑翼飞行机器人机构复杂，随着微机电和机器人技术的快速发展，其仿生度和飞行性能等方面都有了大幅度的提高。然而，其自主智能控制方面仍处于起步阶段，无法高效完成实际环境中的复杂飞行任务。仿生扑翼飞行机器人的精确数学建模是实现系统自主飞行的关键，而精确的数学模型依赖样机的物理结构。因此，搭建稳定可靠的样机平台并根据样机特性设计相应的飞行控制系统，对提高仿生扑翼飞行机器人自主化、智能化和无人化水平具有重要意义。

本文主要面向仿生扑翼飞行机器人侦察任务的场景，考虑扑翼机器人仿生结构设计、系统动态性能约束、气动力输出约束以及气动力矩扰动估计等问题，开展了仿猎隼扑翼机器人样机设计、气动参数测量与数学建模、基于飞行动态特性的轨迹生成方法以及考虑扰动补偿的轨迹跟踪控制等研究，并搭建实验测试平台，验证本文所提出的控制算法的有效性和实用性。主要内容和成果包含以下几个方面：

(1) 依据生物学结构特点，研制了一款高仿生度的仿猎隼扑翼飞行机器人，具备良好的气动特性和飞行性能。结合风洞测试实验平台，定量分析了不同条件下仿生扑翼飞行机器人的气动特性，以解决样机参数测量问题。

(2) 分别就仿生弧面折翼结构和仿生尾翼进行受力情况分析，基于牛顿-欧拉方程建立扑翼飞行机器人系统的动力学模型，揭示了仿猎隼扑翼机器人力和力矩的产生机制，从原理上分析了其飞行运动规律。

(3) 结合自主搭建的样机平台，提出了面向扑翼飞行机器人的三维轨迹生成方法和基于扩张状态观测器的高精度轨迹跟踪控制方法，基于 Pixracer R5 飞控硬件平台进行二次开发，实现了扑翼飞行机器人的自主飞行功能。

本文设计的仿生扑翼机器人样机为理论验证提供了实验平台，提出的扑翼机器人的建模与控制为实现自主飞行提供了一种可行的解决方案，上述研究成果为该领域其他研究人员提供了借鉴思路。

关键词：仿生扑翼机器人，样机设计，数学建模，自主飞行控制

分析：可以发现这篇摘要是对学位论文内容的准确概括，用词比较精简。在第一段作者用 1～2 句话引出本文的研究背景，然后说明论文研究的意义。第二段总体介绍论文的研究内容，然后分条介绍论文的研究内容，分别对应论文的第三章、第四章、第五章。注意在介绍论文研究内容的时候一般采用完成时，介绍作者干了什么、有了什么主要的成果和结论。然后总体介绍论文的创新性。

例 2 《基于深度学习的旋转机械故障诊断与剩余使用寿命预测方法研究》摘要

作为应用最为广泛的机械设备之一，旋转机械的安全与稳定运行对于工业生产来说至

关重要。然而，长期运行于复杂的工作环境中使旋转机械的关键元件(如轴承、齿轮和转子)极易发生故障，从而造成严重的生命和财产损失。因此，针对旋转机械的故障诊断与剩余使用寿命(remaining useful life, RUL)预测的研究已成为一大热点领域。由于深度学习模型能够自适应地从监测数据中对元件的故障与健康退化特征进行提取与学习，有效克服了传统方法故障诊断与RUL预测性能依赖于复杂的数学建模和大量先验知识的缺点，因此基于深度学习的故障诊断与RUL预测(deep learning-based fault diagnosis and RUL prediction, DLFDRP)已逐渐成为现代工业中保障旋转机械安全与稳定运行的主流研究方向。本文在深度学习方法的基础上，以故障诊断至RUL预测为研究顺序，针对不同类别间样本数量不平衡、故障特征表征不全面、由振动信号提取健康退化过程(health degradation process, HDP)特征难度大和HDP特征提取存在片面性等DLFDRP领域中的重要问题展开了一系列研究。主要研究内容总结如下：

(1) 针对在类间数据不平衡情况下故障特征提取难度大的问题，本文提出了一种融合小样本扩容与故障诊断的深度学习框架。该框架中包含了一个新型的膨胀残差生成对抗网络和一个融合了膨胀残差网络与极限学习机(extreme learning machine, ELM)的深度学习故障诊断模型，能够实现高质量虚拟样本生成和准确故障诊断。并且该框架克服了传统通过池化层等下采样方式完成特征提取易丢失数据信息的缺点，能够在网络具有充足感受野的前提下保证故障模式的表征信息的完整性。此外，本文设计了基于ELM的故障诊断模块代替传统的全连接层诊断故障类别，能够在无需迭代更新权值的情况下准确地建立特征与故障类别之间的非线性映射关系，简化了训练过程。为了使提出的框架更具普适性，实验室单一故障、实验室复合故障与工业现场机械故障的诊断结果均被展示与讨论。

(2) 针对数据域变换造成的故障信息丢失与深度学习模型复杂度高的问题，本文提出了一种包含时频特征融合策略的轻量化深度学习故障诊断框架。在特征提取阶段，本文设计了两条轻量化时序卷积网络分支分别提取故障样本的一维时序特征与二维时频特征，随后进行特征融合，从而使框架能够对故障模式进行更全面的表征学习。为了进一步降低框架复杂度，本文在故障诊断阶段设计了一种基于宽度学习系统的分类器，能够在保障准确诊断故障的前提下克服传统分类器中堆叠稠密层引起的参数量过多的缺点。此外，本文在数据集中引入了额外噪声验证了框架的鲁棒性。实验结果表明，该框架与其他故障诊断模型相比具备高故障诊断性能、强鲁棒性和低复杂度。

(3) 针对由旋转机械振动信号的复杂性和非平稳性造成的对元件HDP的时序特征提取难度大的问题，本文提出了一种具备强时序特征提取能力的深度学习RUL预测框架。该框架中包含了一种基于时序卷积自编码器的健康退化指标自适应提取方法，强化了信号中的时序特征。实验结果表明，该健康退化指标有效提高了框架的表征学习能力。此外，该框架中具备严格时间约束结构的特征提取模块能够有效捕捉健康退化指标中的时序信息并为提取出的特征进行多角度注意力权值分配，从而提高框架对元件HDP的特征表达能力。随后，基于残差网络的特征融合模块对多角度特征进行融合与深层语义挖掘，并得出 RUL 预测值。实验结果证明了框架的结构合理性和性能优越性。

(4) 针对传统深度学习 RUL 预测模型感受野与特征尺度单一造成 HDP 特征提取不全面的问题,本文提出了一种具备多尺度时序特征提取能力的“端到端”的 RUL 预测框架。该框架中的特征提取模块包含了 3 条具备不同感受野的膨胀因果卷积网络分支,能够有效提取原始振动信号中的多特征层级信息并在不破坏时序关系的情况下对信息进行融合。实验结果表明,该多尺度特征提取结构能够有效提高对元件 HDP 特征表征的全面性。此外,通过在每条网络分支的起始端均引入自注意力机制实现了对振动信号全局依赖的特征表达。与现有基于多尺度特征的 RUL 预测模型相比,本文提出的框架能够提高对样本特征表征的多样性,从而提升 RUL 预测性能。

关键词:旋转机械,故障诊断,剩余使用寿命预测,深度学习,神经网络

分析:可以发现这篇论文的摘要围绕整个学位论文展开,首先第一段还是用 1～2 句话引出论文背景。并用 1～2 句话讲明研究的意义,以及目前存在的问题。然后引出论文的研究内容,分 4 条介绍论文的研究内容、对应论文的第二～五章。也可以发现摘要中说明了主要的结果:与现有基于多尺度特征的 RUL 预测模型相比,本文提出的框架能够提高对样本特征表征的共性,从而提升 RUL 预测性能。

4.4.3 论文结构布局及各章撰写

学位论文的结构是论文的“骨”,通过论文的结构可以得知论文的整体架构是怎样的。下面从常见结构和结构要求这两个方面来谈论文结构。

1) 常见结构

学位论文的常见结构有总分、递进与并列三种。

(1) 总分结构。采用总分结构的学位论文,总论在前、分论在后(也可将其理解为总-分-总关系,最后的“结束语”“结论”等是对全文的总结)。

(2) 递进结构。分为时间、空间与逻辑上的递进关系三种:①时间上的递进关系,指时间上的由远到近,基本规则是按时间先后顺序列出。如果先后次序错乱,就属于逻辑混乱、层次不清。②空间上的递进关系,指地域空间、抽象空间上的由外到内。如国内外文献述评要先国外、后国内。基本规则是先外后内,如果外部问题没有分析完就进入内部问题的讨论,而后又转到外部问题上,也属于逻辑混乱、层次不清。③逻辑上的递进关系,指从抽象到具体。先从定义说起,界定清楚其内涵外延,明确其边界,然后再分析在实践中的具体问题。

学位论文中常见的递进关系是按照问题分析的逻辑顺序来安排论文结构,按照是什么、为什么、怎么办(提出问题、分析问题、解决问题)的顺序来写。

(3) 并列结构。学位论文总体上是并列结构的情况较少见,并列结构常见于各章之间或者某章的各节之间。

2) 结构要求

对学位论文结构的要求是完整、合理、扣题。

(1) 应具备完整性。结构完整指论文要有导论、本论、结论三部分。

① 导论。也称绪论、引论等，是对研究问题、相关研究状况、研究思路与方法等的介绍。它虽然是论文主体的一部分，但其实是研究尚未展开、未进入正题之前的准备，相当于小论文(期刊论文)的引言。开题报告经过修改即成为导论，包括问题提出、研究意义、文献述评、核心概念界定、研究思路与方法、创新之处等。

导论的重要性不亚于摘要，多数人翻阅学位论文的习惯是先看题目，然后浏览摘要与导论。如果说摘要对于论文的作用相当于一个房间的"窗户"，导论对于论文的作用就相当于一个庭院的"大门"。"大门"设计装修得如何，直接决定了人们对这个院落的第一印象，决定了是否会产生进去看一下的愿望，因此对导论部分应予以足够重视。

② 本论。为问题研究部分，是研究成果的集中表述，也是最能显示作者学术水平与论文质量的部分，包括问题描述、原因分析和对策探讨。本论的写作要求如下：观点突出、论证充分、具有说服力。学位论文是议论文，要提出论点并进行论证。材料与论点要统一，不能出现材料不能支撑论点的情况；应逻辑严密、层次清晰；语言精练、用词准确。

③ 结论。更常见的表述是结语或结束语，这不是问题研究的结论，不是结论章或对策章，是对全文即问题研究全过程的概括与总结。通常包括研究结论、创新之处、缺陷与不足、未来展望等。学位论文结论部分篇幅不长，一般一页到一页半，因篇幅短，一般不将其作为一章予以编号。

(2) 应具备合理性。结构合理指逻辑严密、层次清晰。

① 逻辑严密。指论文要围绕一个问题，按照是什么(问题)、为什么(原因)、怎么办(方法)的顺序安排，不能像写作文那样倒叙或插叙，问题、原因、方法之间要相呼应，要有逻辑关系。

② 层次清晰。指论文不同部分之间的关系要理顺，按照总分、并列、递进或混合结构来安排全文。学位论文内容丰富、篇幅较长、层次较多，若处理不好各章之间、章内各节之间的关系，则可能会出现整体结构不合逻辑、同级标题不在同一层次等问题。

(3) 应紧扣主题。全文要紧扣题目来写，通过各章标题上反复出现论文题目中的关键词语来体现。各节需要紧扣章标题来写，通过节标题上反复出现章标题中的关键词语来体现。

论文各章节的撰写是论文的骨干，是论文的"肉"。注意论文从第二章开始是论文的核心，也就是作者在硕士或博士期间的主要研究内容。分别对应摘要的各个研究内容，一般情况下硕士论文有 3 个研究内容分别对应论文的第二章～第四章。这是大部分工科论文的结构。

注意从第二章开始到总结与展望前的章节都要包含一小节"本章小结"，"本章小结"的作用是总结本章得到的一些结论，通常以一小段的形式体现，大约 5 行文字即可。

例 3 《基于统计能量分析的簇绒地毯织机高频噪声抑制》的第三章"簇绒地毯织机 SEA 模型准确性验证"

本章通过对簇绒地毯织机 SEA 模型特性参数和激励的分析，仿真得到了簇绒地毯织机

SEA 模型高频噪声声压级情况，并与其实际工况下的高频噪声情况进行对比。结果表明：仿真结果与实验测量结果在 500～2 000 Hz 的高频范围内误差较小。且在 800 Hz 以内时高于标准限值 75 dB，800 Hz 以上声压级虽低于标准限值 75 dB，但高频噪声仍会对簇绒地毯织机的使用寿命以及工人身心健康造成危害。由此验证了对簇绒地毯织机高频噪声抑制的必要性以及簇绒地毯织机 SEA 模型的准确性。

分析：从第三章的“本章小结”中可以发现作者针对簇绒低碳织机的 SEA 模型开展的工作，然后介绍根据第三章的研究所得到的主要结论“仿真结果与实验测量结果在 500～2 000 Hz 的高频范围内误差较小。……但高频噪声仍会对簇绒地毯织机的使用寿命以及工人身心健康造成危害。”

4.4.4　引言与过渡段

1）不同位置的引言特点

引言是指章标题之下的引言段，相当于每章的开场白，以简短的文字简要介绍相关内容。这里分别介绍章引言、节引言、引言与摘要的不同。

(1) 绪论章节引言。绪论章的引言部分需要介绍研究背景、研究问题、写作构想等，可以分成三个层次来写：第一层，引入研究对象（1 句）；第二层，简要介绍研究对象及其问题（2～3 句）；第三层，交代写作构想，有的还简要指出研究意义（1～2 句）。一般 1～2 个自然段，300～500 字。

例 4　《反作用轮的微振动特性与隔振技术研究》

1.1　研究来源

本文研究来源于：国家自然科学基金天文联合基金项目“甚高精度天文卫星多源耦合振颤传递特性分析及隔振控制研究”，项目编号 U1831123；中央高校基本科研业务费专项资金东华大学研究生创新基金“反作用轮的微振动特性与隔振技术研究”，项目编号 CUSF-DH-D-2021044。

(2) 其他章节引言。其他各章的引言通常也是一个自然段，引出本章主题并简要介绍其内容即可，起导读作用。

例 5　《反作用轮的微振动特性与隔振技术研究》

2.1　引言

反作用轮作为航天器上常用的姿态控制执行部件，是卫星在轨运行时的主要扰动源。基于理论和经验方法提出的反作用轮动力学模型可以表征微振动的主要特征，如转子不平衡、滚珠轴承振动及转子轴承的结构模态。然而，经验模型中未揭示谐波与结构模态的共振效应；而现有的数学解析模型没有考虑非线性效应，例如滚珠轴承的波纹度变化、柔性支撑结构引起的振动等。结合了数学解析和稳态经验的微振动扩展模型克服了上述不足，但仍忽略了壳体结构的弹性影响，导致高阶谐波的辨识精度下降。同时，由于缺乏对反作用轮柔性结构的模态特征研究，微振动扩展模型无法全面系统地揭示振动的产生与传递机理，使微振动特性分析仅局限在狭小的频域范围内。本章从反作用轮微振动的源路径出发，对包括转子不平衡、轴承局部瑕疵和波纹度的振源谐波进行分析，根据主要弹性因素划分转子轴承和壳体两个子系统。基于稳态经验模型、五自由度转子轴承模型和壳体系统的弹性考虑，分步建立反作用轮的动力学模型。对反作用轮的柔性部件进行模态数值计算与运行试验，分析谐波激励与结构模态的共振响应特性，初步验证壳体弹性因素考虑的必要性。

分析：作者这一章题目是"反作用轮动力学建模及动态响应分析"，首先介绍反作用轮在卫星中的作用，介绍了本章的背景，另外主要介绍了本章的内容"本章从反作用轮微振动的源路径出发，……初步验证壳体弹性因素考虑的必要性"。

(3) 各节的引言。其通常也是一个自然段，引出本节主题并简要介绍其内容即可，也是起导读作用。

(4) 引言与摘要的不同。摘要是对论文内容的高度概括，以让读者快速了解全文。引言是开场白，对各章节内容起导读作用；摘要尽管简短，但具有独立性，可以单独成篇，它包含有与整篇论文同等量的重要信息，也就是不阅读全文就能获得的必要信息。引言不具有独立性，是后文的前奏，不能单独成篇；摘要是论文梗概，简明、确切地说明论文的重要内容(目的方法、结果或结论)。引言是各章节内容的概括。

2) 过渡段的特点

文中上下级标题之间要有过渡段，尽量避免出现上下级标题挨在一起的情况。要在标题与标题之间添加过渡段，可长可短，长的三五百字、短的一句话即可。

4.4.5 结论写作特点

结论是指学位论文最终的总体结论。主要回答"研究出什么"这个问题。它是对全文的总结和升华，是对绪论和研究内容的呼应，是对全文画龙点睛的收尾，也是对各章小结的再综合。结论的主要内容包括：

归纳和总结学位论文研究课题的理论、方法、设计计算和试验研究结果等；明确回答本研究课题所提出的问题、任务解决的程度和取得的进展；明确指出本研究课题所取得的创造性成果或新理论(含新观点、新思路、新见解)、新技术和新方法；对研究成果的理论意义和应用价值进行分析。提出和现有相关理论、技术和方法进行对比分析的结果，衬托出本研究结果的理论意义；用实际需求来衬托出本研究结果的实用价值；指出未来在本研究方向进一步开展研究工作的设想、展望和建议，仪器设备的改进，尚待解决的问题，阐明本研究课题的可持续发展性；不排斥总结在课题研究中遇到的挫折，有意义、有价值的失败教训和发现的新问题。

1) 结论撰写方式及要求

撰写结论时应注意结论应该明确、精炼、完整、准确、措辞严密，不含糊其辞；结论要一分为二，既要尊重前人的研究成果，又要实事求是地评价自己的成果，切勿言过其实，在无充分把握时，应该留有余地；结论应反映自己从事研究工作取得的成绩，属于前人或他人已有的正确结论应不提或尽量少提，更不能把别人的结论当成自己的结论。

结论是学位论文最终的、总体的结论，不是问题的结论（或方法），不是各章内容的简单总结，篇幅通常在一页到一页半，包括三个方面的内容：①要明确指出通过研究都得出了哪些结论，结论中要清楚地表明观点；创新之处有哪些，要明确简洁；论文的不足之处或有待进一步研究的问题是什么。②包括研究设计、资料收集、研究方法等方面所存在的不足，或认为需要研究而论文未涉及的问题。③有待进一步研究的问题、未来研究建议，其可以写也可以不写。

2）结论与摘要的不同

前面介绍了摘要的撰写，但摘要和结论两者是不同的，不少论文的摘要与结论却写得大同小异。鉴于此，很有必要说明两者有何不同。

（1）内容不同。学位论文的摘要通常包括研究问题、研究目标、研究路径（思路、方法、内容等）与研究结论。结论是对全文的总结，包括研究结论、创新之处、研究不足，有的还写了有待进一步研究的问题或对未来的研究展望。

（2）功能不同。摘要相当于论文的简介，侧重于介绍，可独立成文。即阅读完摘要，读者就能够对全文有大致的了解。结论是对全文的总结，侧重于反思，要提炼研究结论、创新与不足等，比摘要的内容更多也更详细。

（3）写作要求不同。摘要部分不能出现图、表、公式、符号等，不能进行自我评价。结论部分可以适当出现图、表、公式等（自然科学类的论文里有，人文社科类的论文里很少出现），允许进行自我评价（创新之处、研究价值）。

（4）写作对象不同。摘要是写给尚未阅读全文的人看的，以供其了解论文的大致内容。结论是写给读过论文的人看的，以让其了解论文的重要内容与学术贡献。

当然，两者出现的位置也不一样，摘要出现在全文（更准确地说，是目录的）前面，结论则放在全文最后。篇幅也不一样，摘要通常大半页或一页，结论则在一页半到两页。两者最大的不同在于是否有反思。摘要是没有反思的，仅从若干方面对论文进行介绍；结论是有反思的，创新、不足、展望就是对全文进行反思的结果。

例 6　《基于统计能量分析的簇绒地毯织机高频噪声抑制》

5.1　总结

簇绒地毯织机高频噪声不仅会对设备本身的使用寿命产生严重影响，而且会给纺织工人的身心健康带来严重危害，产生诸如爆震性耳聋、高血压、神经系统、心血管甚至心理健康等方面的问题。因此，簇绒地毯织机高频噪声抑制研究对于纺织机械噪声控制工作具有非常重大的意义。结合簇绒地毯织机的工作原理以及噪声产生机理，本文基于统计能量分析方法建立了簇绒地毯织机 SEA 模型，仿真计算了 SEA 模型高频噪声声压级数据，同时搭建噪声采集平台获取簇绒地毯织机实际工作时高频噪声声压级数据，对比仿真结果与实验结果验证了簇绒地毯织机 SEA 模型的准确性。之后采用了三聚氰胺多孔吸声材料分别对

SEA 模型以及实际簇绒地毯织机进行噪声抑制，对比噪声抑制仿真数据和实验数据，实现了三聚氰胺多孔吸声材料对簇绒地毯织机高频噪声的抑制。本文主要完成工作如下：

(1) 为完整建立簇绒地毯织机 SEA 模型，搭建了簇绒地毯织机噪声采集平台，分析了簇绒地毯织机噪声特性情况，探讨了统计能量分析方法的基本原理以及其子系统划分的基本假设和原则，对簇绒地毯织机的子系统进行了划分；依据实验室空间分布对声场进行了划分，完整建立了簇绒地毯织机 SEA 模型；基于统计能量分析方法对噪声频段的划分原则，对簇绒地毯织机高频噪声分析频段进行了划分和确定。

(2) 为验证簇绒地毯织机 SEA 模型的准确性，依据统计能量分析方法的基本原理阐述了模态密度、内损耗因子以及耦合损耗因子对簇绒地毯织机 SEA 模型建立的影响，并对其进行了理论计算；搭建了簇绒地毯织机振动加速度采集平台，获得了簇绒地毯织机 SEA 模型的外部激励数据，仿真计算了模型的高频噪声声压级情况；对比了仿真情况下的高频噪声声压级以及实验测量的高频噪声声压级。结果表明：运用统计能量分析法得到的簇绒地毯织机 SEA 模型结果与所搭建的平台测量结果误差较小，准确度高。500～2 000 Hz 的高频范围内，仿真误差均小于 6 dB，其中两者在 500 Hz 时相差最大，在 500 Hz 之后的高频段内，实验值与仿真值更加吻合。有效验证了簇绒地毯织机 SEA 模型的准确性，为高频噪声抑制提供了准确的理论模型。

(3) 为有效抑制簇绒地毯织机高频噪声，详细阐述了多孔吸声材料的吸声特点及原理，对比分析了多种吸声材料后选择三聚氰胺多孔吸声材料以用于簇绒地毯织机高频噪声抑制研究；对簇绒地毯织机 SEA 模型包覆了厚 40 mm 的三聚氰胺多孔吸声材料，仿真计算了簇绒地毯织机噪声抑制 SEA 模型的高频噪声声压级情况，验证了三聚氰胺多孔吸声材料对簇绒地毯织机高频噪声抑制的有效性。结果表明：三聚氰胺多孔吸声材料可有效抑制簇绒地毯织机高频噪声，且随频率的增大，其吸声性能越好。同时为验证三聚氰胺多孔吸声材料厚度对吸声性能的影响，选择了厚 60 mm 的三聚氰胺多孔吸声材料进行对比，结果表明：三聚氰胺多孔吸声材料厚度在 120 mm 以内时，材料越厚吸声性能越好。之后搭建簇绒地毯织机高频噪声抑制平台，将三聚氰胺多孔吸声材料实际应用于簇绒地毯织机高频噪声抑制研究，分别包覆了 40 mm 厚和 60 mm 厚的三聚氰胺多孔吸声材料泡沫板，测量了噪声抑制后的簇绒地毯织机高频噪声声压级情况，对比了实验数据与仿真数据，结果表明：仿真降噪效果优于实验降噪效果，且在 500 Hz 时仿真误差相差最大，最大值为 5.5 dB。以此验证了三聚氰胺多孔吸声材料对簇绒地毯织机高频噪声抑制的有效性。

5.2 展望

簇绒地毯织机高频噪声的抑制是全频段噪声抑制的基础，本文在统计能量分析方法的基础上，运用三聚氰胺多孔吸声材料对簇绒地毯织机高频噪声进行了有效抑制，为簇绒地毯织机全频段噪声抑制提供了理论支持。但鉴于实验条件有限，本文仍存在以下不足：

(1) 簇绒地毯织机内部结构复杂，而统计能量分析方法无法精细到每一个零件建立模型，因此虽然本文中簇绒地毯织机 SEA 模型已基本实现准确性，但仍存在一定误差。

(2) 簇绒地毯织机工作情况较为复杂，包括多运动耦合、高速回转、摩擦等多种情况，噪声源存在多个，外部激励直接获取存在一定难度。本文虽然通过采用振动加速度间接作为外部激励，但仍存在一定误差，需要进一步考虑外部激励的精细化获取。

(3) 本文仅对簇绒地毯织机高频噪声进行了抑制研究，要实现全频段噪声抑制，下一步的工作需要将高频噪声抑制方式与簇绒地毯织机中低频噪声的主动抑制方式有效结合，完整实现对簇绒地毯织机噪声环境的控制。

分析：这一部分是论文的第五章"总结与展望"，这通常是工科论文的最后一章，这一章通常不写引言段，仅包含两小节"总结"和"展望"。在"总结"的部分，作者简要阐述论文的背景及主要的结论，同摘要类似，展现论文得到的结论，重点突出得到的一些数据、模型、算法、软件。在"展望"部分，作者可以阐述自己因为研究实验条件有限而未研究的部分；或者，作者可以根据自己的研究可以在此部分阐述即将开展的研究，或为后人的研究提供一些指导建议，建议在某些方面开展深入的研究。

4.4.6 学位论文参考文献常见问题

参考文献是指在本学位论文写作过程中，作者整体性参考、借鉴过的文献资料，以及对作者具有主要指导、启发作用的文献资料，是作者作为主要论据进行论证、分析、推阐从而形成自己论点、观点或研究结论的文献资料。研究生的科学研究都是基于前人的研究基础之上的，撰写学位论文一般多会涉及对本领域前人或他人研究成果(观点、方法、成果、结论等)的比较、分析、综合或者运用，以便用来支持和丰富自己的论文。为了反映学位论文的科学依据和作者尊重他人研究成果的严肃态度并向读者提供信息的出处，在学位论文正文之后应列出参考文献，参考文献列示的内容务必实事求是。论文中引用过的文献必须著录，未引用的文献不得虚列。所有引用过的文献，应按引用的顺序编号排列。

参考文献是学位论文必不可少的一部分，大部分参考文献都是以附在文章末尾的形式呈现，不属于正文内容，通常会被忽略其重要性，因此不够重视参考文献的引用及其规范性就经常会出现各种各样的问题。

论文参考文献的常见问题有以下几点：

1) 参考文献数量偏少

正文中大谈某年某作者做了什么研究、有什么论点等，但未引参考文献；对应该引文献的地方没有引用，使读者查不到原文。一篇论文要引用多少文献才符合标准，取决于论文的发表类型和写作类型。一般来说，期刊论文应不少于20篇，但如果是综述类论文，需要大量引用文献，可能要到100篇以上；如果是学位论文，又要分硕士论文还是博士论文，可结合学校具体标准引用，一般硕士论文应不少于40篇，博士论文应不少于100篇，其中外文文献要达到总文献的1/2。

2) 转引他人文后参考文献

作者并没有亲自阅读所引文献，以致错误很多。例如，引用论点不够准确，断章取义甚至歪曲原意;经检索,有的文献原文中根本没有相关内容。

3) 文献陈旧,信息不新

引用的文献大部分为 5 年前的研究,有的综述大多数文献也在 3 年以上,这样就不可能把最新的研究动态和学科发展趋势综述出来。在科技信息高度发展的今天,文献老化快,如作者缺乏引用最新文献的能力,该科研成果的价值将会受到影响。

4) 文内引用处未标角码或标注有误

有的作者不掌握参考文献标引的基本规范,仅在文后列出参考文献表,而文内相应处未标角码;有的文内角码处与参考文献表所引内容不一致,如文内"Heck 等[1]指出",但在参考文献[1]中却是 Mekay 的论点,参考的文献前后矛盾。

5) 规格不当

著录规则未按《信息与文献　参考文献著录规则》及稿约要求的格式书写或存在格式错误,包括①项目次序颠倒;②缺项;③作者仅列 1 位后加"等";④标点符号错误,等等。

6) 文献罗列过多

非主要的参考文献都列在文献表内,未经作者亲自阅读的转引文献或转引他人论文后所附的文献、保密的内部资料、未发表的资料、个人通信等也列入参考文献表中。

7) 外文文献书写错误

包括:字母错误,大小写错误,有的单词拼写错误;外文期刊名缩写错误,刊名与书名、论文集混淆;期刊与会议混淆,卷期号、页码不全等。

8) 外国作者姓名书写不当

《信息与文献参考文献著录规则》规定"个人著者采用姓在前、名在后的著录形式",英文也应姓在前、名缩写在后,如 John(第一名也就是本名)R.(第二名也就是亲属名首字母)Thomas(姓)应写成 Thomas J R,有的误将名作姓,写成 John R T,有的按原杂志上的署名全部搬到文献表上。转引他人外文文献的问题则更多。

9) 文献引用格式问题

(1) 文献信息标注不全。经常会遗漏一些信息,例如遗漏文献类型、文献页码甚至是文献作者。一篇论文经常会引用几十篇的参考文献,有的人大多数文献信息都能标注齐全,但是其中几条可能会遗漏某一项信息。不能抱有侥幸心理,觉得读者可能看不出来,其实越是与众不同,越是容易被注意到。因此,一定要将每一条文献信息都写完整。

(2) 文献引用标点符号中英文使用混乱。一条文献中既有中文标点,又有英文标点;或是不同文献中,几条使用中文标点,另几条使用英文标点,使参考文献看起来十分凌乱。

这些是格式上问题,当然还有一些字体、字号使用不统一等情况出现,这都是形式问题,虽然可能不会影响到论文的研究结果或结论,但会影响别人对论文的整体印象,或许间接反映出不严谨性,这都是不应出现的问题。只要参照国家标准《信息与文献　参考文献著录规则》,就能避免这些问题。

4.4.7　附录的布局

凡不宜放在论文正文中，但又与论文有关的研究过程或资料，例如对于工科学位论文而言，一般会放一些较为冗长的公式推导、重复性或者辅助性数据图表、为方便阅读所需要的辅助性教学工具或表格、文献综述（硕博学位论文少见）、关键计算程序及有关说明等，均应放入附录作为学位论文主体的补充项目。确保这些内容与论文的主题紧密相关，并能为读者提供额外的信息或支持。

在编排附录内容时，应根据自己的具体情况选择排序方式。可以按照重要性、相关性或顺序进行排序。此外，应给每个表、图、数据等编写名称并标上编号，以便于读者查找和理解。

附录的格式应与论文正文保持一致，包括字体、字号、行距等。附录的标题通常使用与正文大标题相同的格式，如果有多个附录，则每个附录都必须标有大写字母（如附录A、附录B等）。副标题的格式也应与论文的章节副标题相同。

具体的附录添加方法可能因不同的学校而有所不同。因此，在撰写时务必参考所在学校的具体要求和规范进行附录的添加和编排。

4.4.8　攻读学位期间承担的科研任务与主要成果

科研能力的培养是研究生培养工作的重要方面。要求研究生在学期间积极参加科研活动，如承担科研课题、申报科研成果和国家专利等。其主要内容包括以下几项：承担或参加的科研课题；获得的科学研究成果（含发表的学术论文、提出的研究报告及撰写的专著与教材等）；国家专利申报情况；在续研期间获得的其他荣誉等能够体现作者成就的成果。

例7 ***《反作用轮的微振动特性与隔振技术研究》***

作者在学期间所获得的学术成果

1. 学术论文

［1］Xianbo Yin, Yang Xu*, Xiaowei Sheng, Song Wan, Yixin Wang. Study on the micro-vibration suppression of a MnCu spring isolation platform with low stiffness and high damping [J]. International Journal of Aeronautical and Space Sciences, 2023, 24(3): 753 - 765. DOI: 10.1007/s42405 - 022 - 00566 - 0.（SCI四区，见刊，第一作者）

［2］Xianbo Yin, Yang Xu*, Xiaowei Sheng, Yan Shen. Signal denoising method using AIC - SVD and its application to micro-vibration in reaction wheels [J]. Sensors, 2019, 19(22): 5032. DOI: 10.3390/s19225032.（SCI三区，见刊，第一作者）

［3］Xianbo Yin, Yang Xu*, Xiaowei Sheng, Song Wan, Yan Shen. Micro-vibration control and harmonic suppression of satellite momentum wheels based on an M2052 transverse groove spring isolator [J]. Transactions of the Canadian Society for

Mechanical Engineering.（SCI 四区，在审，第一作者）

［4］ Xianbo Yin, Yang Xu*, Xiaowei Sheng, Song Wan, Yan Shen. Micro-vibration modeling and feature identification of reaction wheels based on source-path [J]. International Journal of Aeronautical and Space Sciences.（SCI 四区，在审，第一作者）

2. 发明专利

［1］徐洋，尹显波，盛晓伟，申妍. 一种飞轮轴承动刚度的测量方法[P]. 中国专利，ZL201910361917.7，2021－07－20.（发明授权）

［2］徐洋，尹显波，盛晓伟，申妍. 一种基于奇异分解的信号降噪方法[P]. 中国专利，ZL201910851020.2，2023－09－26.（发明授权）

［3］徐洋，尹显波，申妍，盛晓伟. 一种反作用轮微振动测量装置及方法[P]. 中国专利，CN201911262978.4，2020－04－10.（发明公开）

3. 参与科研项目情况

［1］国家自然科学基金“甚高精度天文卫星多源耦合振颤传递特性分析及隔振控制研究”

［2］东华大学研究生创新基金“反作用轮的微振动特性与隔振技术研究”

［3］“卫星微振动测试系统开发试验及在轨数据辨识”

4.4.9 致谢撰写模式

致谢是作者对在论文形成过程中做过贡献的组织或个人予以感谢的文字记载。致谢的内容主要有以下几方面：对资助研究工作的基金会、合作单位、企业和个人表示谢意；对指导教师、答疑教师、实验教师以及协助完成研究工作的人员致谢；对论文撰写过程中提出建议和提供帮助的人员致谢；对学位论文引用过的资料、图表、文献、研究思想和设想的知识产权所有者表示感谢。

致谢不仅是一种礼貌，也是对他人劳动的尊重。致谢的内容要实在，语言要诚恳、恰当、简练。不应借学位论文完成之机，对提供过与论文工作无关的其他帮助的人员致谢。

1）致谢写作模式

致谢没有明确的写作要求，但有规律可循，写作模式如下：

首先，抒发感慨（一个或两个自然段；一个自然段常见，也有写得很长的）。例如，回顾3年的研究生学习，往事浮上心头，有万般感慨，往往以“时光匆匆”“时间如白驹过隙”等起头，引出各种感慨。

其次，感谢导师（一个自然段）。研究生3年，跟导师接触最多，与导师建立了深厚的师生情谊，对导师所给予的学术与做人方面的引领、示范与指导心怀感激，在此处正式地表达这种感激之情。

再次，感谢对论文写作提供了实质性帮助的其他老师（一个自然段）。如参加开题、预答辩的老师，对论文提出了建设性意见与建议的其他老师等。

然后，感谢对论文写作提供了帮助的同门、同学、朋友等(一个自然段)。

最后，感谢家人在读研期间的关心与支持(一个自然段)。

2）致谢注意事项

致谢对象应限于在学术上对论文的完成有较重要帮助的团体与人士，不要罗列任课教师名单、同门名单、班级同学名单与宿舍同学名单。要实事求是、言辞恳切、表达真情，既不要把致谢写得很格式化，仅换一下学校名、老师名、学生名等可通用，也不要把致谢写成导师赞美诗，让导师看完之后很困惑你感谢的究竟是不是他(她)。致谢中提及的所有老师都不应直呼其名。不是"我还要感谢张三、李四、王五等老师"，是"我还要感谢张三教授、李四教授、王五博士"。学位、职称就高不就低，如不了解，名字后至少写上"老师"二字。不要在致谢中感谢男女朋友；这可能会有变化，而论文是要在数据库里长久保存的。靠右写上落款，即姓名与成文日期。

有一些比较有才的学生在致谢中用诗、文言文撰写，也是体现作者才华的方式。例如某博士论文的致谢：

逝者如斯，白驹过隙。余自甲申拜辞桑梓，求学于湖湘，尔来一十有二年矣。曩者离乡，未及弱冠，今近而立，为学乃成。忆往昔峥嵘岁月，叹韶华易逝，光阴荏苒，感慨良多，遂著此文以记之者也。愚生才疏学浅，资质平庸，幸承诸位大人、先生、朋友之不弃，慷慨相助，提携甚多。学业将毕，临当远行，书不尽言，聊陈致意。

博士之为学，幸拜恩师×××教授门下，教之谆谆，铭感五衷。恩师博学，审问，深思，明辨，笃行。科研之事，夙兴夜寐，未辞辛劳，乃学者之楷模。至于教授之事，亦严谨，求真，务实，传道授业必躬亲为之，循循善诱，殷殷教诲，经年累月，乃门生之幸甚。闲暇，恩师亦具人文关怀，悉问或有生活所难，教吾等以为人处世之道，至今思之未敢或忘。愚生博士术业得以登堂入室者，皆得益于恩师言传身教，怎奈愚钝，得之寥寥，不及十一，惜哉痛哉。为学五载，享之若和璧隋珠，固当结草衔环，以报桃李之恩。

硕士之为学，幸拜恩师×××教授门下，承蒙见教，忝列错爱，更兼引荐，获益颇多，不胜甚幸，当俟异日，特上笺牍，以申感忱。

博士之为学与撰文间，多得良师益友相助，盛情厚意，应接不遑，切谢切谢。辟席再谢×××老师等诸君之金玉良言、授业传道。辟席再谢×××老师，于吾多有所济。遥谢×××先生点拨启迪，令吾受益匪浅。再谢同门师兄弟：×××等诸君，与列位同窗共事何其乐哉。

父母无他嗣，墨亦鲜兄姊。严军家慈皆逾花甲，墨平日未得侍奉膝下，实为不孝。未忘儿时三徙教，尤思昔年过庭语。春晖之恩，椿萱之爱，感激涕零，无以为报，唯思勤奋精进，以不失双亲所望也。拙荆凌氏，操持家业，克勤克俭，然以吾求学之故，聚少离多，多有所愧。

谢候尝帮助、提携、关照吾之大人、先生、亲戚及朋友，望君健，望君悦，望君顺，望君安。谢候拨冗莅临惠阅鄙文之先生、教授，感荷奖荐。嗟呼！文之有终，谢忱难穷，甚感惶悚，不知所云。

再如上海大学×××博士学位论文致谢：

本论文是在导师××教授和上海大学机电工程与自动化学院×××教授两位导师的亲切关怀和精心指导下完成的，论文从选题、理论研究、仿真模拟、实验验证直至论文的撰写思路与文字细节，无不倾注了二位导师大量的心血。二位导师崇高的人品、渊博的学识、忘我的工作态度、创新性的思维方式、严谨的科研作风等各个方面都让学生受益匪浅，是学生一生追求的典范。在论文完成之际，谨向二位导师致以最衷心的感谢和诚挚的敬意！

在本论文的研究过程中，上海大学机电工程与自动化学院的××老师提供了振动研究设备和试验场所，×××老师对论文的柔性轴承仿真分析部分给予了很大的帮助和指导，在此向两位老师表示深深的谢意！感谢实验室的×××等师弟师妹们对论文的研究工作给予的大力支持，愿你们都有辉煌灿烂的未来！

感谢××××机电有限公司为作者提供了优秀的研究团队、精良的加工设备、完善的实验条件和良好的测试环境。

此外，还要感谢我的母亲和妻子在我攻读博士学位期间对我的关心和照顾，是你们的理解和支持给了我最大的动力，让我能够全身心投入学习和工作。

最后，衷心地感谢各位专家、教授在百忙之中对论文的评审。

×××

2021 年 6 月 6 日

4.5 论文格式及排版设计

每个学校对学位论文有不同的要求，具体可以参考自己学校的论文要求。以下以东华大学的格式要求为例，讲解论文格式及排版内容。

4.5.1 中文摘要格式

中文摘要中的中文题目，三号黑体，居中，段前 24 磅、段后 18 磅。“摘要”二字，三号黑体、居中，字间空一格，段前 0 磅、段后 18 磅。摘要内容，小四号宋体。每段开头空两格，固定行间距 20 磅。摘要内容后空一行打印“关键词”三字(小四号黑体、顶格)，其后为关键词(小四号宋体)，关键词分隔符采用中文半角分号。

4.5.2 英文摘要格式

英文题目单词首字母全部采用大写字母，四号 Times New Roman 字体，加粗，段前 24 磅、段后 18 磅。题目下打印“ABSTRACT”，用四号 Times New Roman 字体，加粗，段前 0 磅、段后 18 磅。英文摘要内容，用 12 号 Times New Roman 字体。摘要内容每段开头留四个英文字符空格，固定行间距 20 磅。摘要内容后空两行打印“KeyWords”(12 号 Times New Roman 字体、加粗、顶格)，其后关键词小写，用 12 号 Times New Roman 字体，关键词分隔符采用英文逗号。

4.5.3 目录格式

目录是论文主体内容各组成部分章、节序号和标题行按顺序的排列，列至二级节标题(例如2.2.5)即可。目录内容从第一章(或引言)开始，目录之前的内容及目录本身不列入目录内。“目录”两字三号黑体，字间空一格，居中，段前24磅、段后18磅。目录中的章标题行采用黑体小四号字，固定行间距20磅，段前空6磅，段后0磅；其他内容采用宋体小四号字，固定行间距20磅，段前、段后均为0磅。目录中的章标题行居左书写，一级节标题行左侧缩进1个汉字符，二级节标题行左侧缩进1个汉字符。章、节、小节的标题名称要上下对齐，章、节、小节等与页码之间用“……”连接，页码不用括号。

4.5.4 符号说明

如果论文中使用了大量的物理量符号、标志、缩略词、专门计量单位、自定义名词和术语等，应编写“主要符号对照表”。如果上述符号和缩略词使用数量不多，可以不设专门的“主要符号对照表”，而在论文中出现时随即加以说明。例如：

主要符号对照表

对于论文中所使用的主要符号、单位(或量纲)、术语等的说明进行统一整理，用于清晰展现出论文中各项符号的具体含义，如下表所示：

符号	代表意义	单位
Ω	反作用轮转子运行转速	r/min
m_s, m_d	转子静、动不平衡质量	g
U_s, U_d	转子静、动不平衡量	g·cm
r_s, r_d	转子静、动不平衡质量到转轴距离	mm
$2h_d$	转子动不平衡质量的轴向距离	mm
l, q	轴承表面波纹度和波纹度阶次	/
$u=(x\quad y\quad z\quad \theta\quad \phi)^T$	反作用轮扰动自由度	/
$H_u(\Omega, t)$	自由度u下的谐波扰动	/
h_{ui}	自由度u下的谐波系数	/
C_{ui}	自由度u下的谐波幅值系数	/
β_k	共振放大系数	/
m, m_0	转子实际总质量和除去不平衡的质量	kg
I_r, I_z	转子径向和轴向转动惯量	kg·m^2
f_r, f_a	转子轴承径向、轴向平动模态频率	Hz
$f_{\theta 1, \theta 2}$	转子轴承正向、逆向进动模态频率	Hz
F_x, F_y, F_z; M_x, M_y, M_z	反作用轮三向扰动力和三向扰动力矩	N; N·m

续 表

符号	代表意义	单位
s_u，x_u	信号初始时域序列和降噪时域序列	/
$\mathbf{A}$	时域信号的 Hankel 吸引子轨迹矩阵	/
σ_i，λ_i	矩阵奇异值和特征值	/
L_d	特征值的极大似然估计	/
DT，N_σ	阈值降噪大小与自定义等级	/
$\bar{\upsilon}$，δ_σ	信号幅值的平均值和标准差	/
D	隔振弹簧中径	mm
H，H_0	隔振弹簧总高度与有效工作高度	mm
a，b	弹簧矩形截面的径向边长与轴向边长	mm
n_s	螺旋弹簧的有效工作圈数	圈
B，S	螺旋弹簧等效弯曲刚度与切变刚度	/
k_r，k_a	隔振弹簧径向、轴向刚度	/
χ，η_v	螺旋弹簧的切向变形影响系数和轴向载荷对径向刚度影响系数	/
p	螺旋式弹簧的节距	mm
a_t，b_t	横槽弹簧的径向楔宽和纵向楔宽	mm
e	横槽弹簧的横向楔宽	mm
n_t	横槽弹簧的层梁总数	个
ξ_r，ξ_a	隔振弹簧径向、轴向阻尼比	/
R，C	隔振弹簧分布的圆周半径和作用高度	mm
γ_z	隔振弹簧的安装倾斜角度	°
ε_{ki}	隔振元件 i 在各自主刚度方向上的变形	/
$\mathbf{M}_t$，$\mathbf{K}_t$	隔振系统的质量和刚度矩形	/
m_t	反作用轮和隔振平台上框架的质量之和	kg
$\omega_{x\beta 1,2}$，$\omega_{y\alpha 1,2}$，ω_z，ω_γ	隔振系统六阶模态	Hz
T_x，T_y，T_z，T_α，T_β	隔振系统的六自由度传递率大小	/

4.5.5 正文要求

此部分是论文的主体，包括第一章(或引言)，第二章，…，结论。书写层次要清楚，内容应有逻辑性。

1）标题格式

标题要重点突出，简明扼要。格式如下：

(1) 各章标题。例如："第一章　引言"。章序号与标题名之间空一个汉字符。采用黑体三号字，居中书写，单倍行距，段前 24 磅，段后 18 磅。论文的主要符号对照表、参考文献、附录、攻读学位期间的研究成果目录、后记(包括致谢)等部分的标题与章标题属于同一等级,也使用上述格式。

(2) 一级节标题。例如:"2.1　实验装置与实验方法"。节标题序号与标题名之间空一个汉字符(下同)。采用黑体四号,字居左书写,固定行间距20磅,段前空24磅,段后空6磅。

(3) 二级节标题。例如:"2.1.1　实验装置"。采用黑体13号,居左书写,固定行间距20磅,段前空12磅,段后空6磅。

(4) 三级节标题。例如:"2.1.2.1　归纳法"。采用黑体12号,字居左书写,行距为固定值20磅,段前空12磅,段后空6磅。一般情况下不建议使用三级节标题。

2) 论文段落的文字部分

采用小四号字,汉字用宋体,英文用Times New Roman体,两端对齐书写,段落首行左缩进2个汉字符。固定行间距20磅(段落中有数学表达式时,可根据表达需要设置该段的行距),段前空0磅,段后空0磅。

3) 脚注格式

正文中,某句话需要具体注释且注释内容与正文内容关系不大时,可以采用脚注方式。在正文中需要注释的句子结尾处用"①②③……"样式的数字编排序号,以"上标"字体标示在需要注释的句子末尾。在当页下部书写脚注内容。脚注内容采用宋体小五号字,按两端对齐格式书写,单倍行距,段前段后均空0磅。脚注的序号按页编排,不同页的脚注序号不需要连续。脚注处序号"①……⑩"的字体是"正文",不是"上标",序号与脚注内容文字之间空半个汉字符。脚注的段落格式为:单倍行距,段前空0磅,段后空0磅,悬挂缩进1.5字符;字号为小五号字,汉字用宋体,外文用Times New Roman体。

4.5.6　参考文献格式

"参考文献"四个字的格式与章标题的格式相同。采用黑体三号字,居中书写,单倍行距,段前24磅,段后18磅。参考文献表的正文部分用五号字,汉字用宋体,英文用Times New Roman体,行距采用固定值16磅,段前空3磅,段后空0磅,悬挂缩进1厘米。

每一条文献的内容要尽量写在同一页内。遇有被迫分页的情况,可通过"留白"或微调本页行距的方式尽量将同一条文献内容放在一页。

参考文献应按文中引用出现的顺序列出,博士学位论文的参考文献附于各章末尾,硕士学位论文的参考文献列在正文的末尾。格式应符合《信息与文献　参考文献著录规则》,示例如下:

1) 期刊

[序号]作者.题名[J].刊名,出版年份,卷号(期号):起止页码.

[1] 刘红,谭俊,唐宗斌,等.卫星系统用激光通信载荷光学终端热控设计与试验验证[J].航天器环境工程,2024,41(1):55-60.

[2] 张家铭.卫星激光通信网络研究进展[J].光通信技术,2023,47(5):37-44.

[3] 高伟饶,董科研,江伦.单波长激光通信终端的隔离度[J].中国光学(中英文),

2023,16(5):1137－1148.

2）图书

[序号]著者. 书名[M]. 版本(第一版不写). 出版地:出版者,出版年:起止页码.

[1] 李润方,王建军. 齿轮系统动力学——振动·冲击·噪声[M]. 北京:科学出版社,1996:15－26.

3）学位论文

[序号]作者. 题名[D]. 学校或机构所在地:学校,年.

[1] 汤昕宇. 空间相干激光通信系统 DSP 算法研究[D]. 北京:北京邮电大学,2023.
[2] 宋一诺. 基于旋转双棱镜的激光通信粗指向机构关键技术研究[D]. 长春:中国科学院大学(中国科学院长春光学精密机械与物理研究所),2023.
[3] 卢琛达. 大气激光通信中基于深度学习的无波前自适应光学技术研究[D]. 北京:北京邮电大学,2023.

4）报纸

[序号]作者. 题名[N]. 报纸名称,出版年份-月-日(版数).

[1] 吴月. 落实立德树人根本任务[N]. 人民日报,2024－02－26(001).
[2] 吴敏."立德树人"理念下高中班主任家校联动策略[N]. 山西科技报,2024－01－25(B07).
[3] 赛娜."红色引擎"增动能"立德树人"谱新篇[N]. 乌兰察布日报,2024－01－23(001).

5）科技报告

[序号]作者. 题名[R]. 报告题名及编号,出版年.

[1] Frankfurt. World Robotics 2021 Industrial Robots[R]. Germany:International Federation of Robotics,2021.
[2] 赵言正. 国家重点研发计划子课题:机器人系列化谐波减速器疲劳性能分析预测与寿命提升方法验收报告[R]. 上海:上海交通大学,2021.

6）国际或国家标准

[序号]标准编号,标准名称[S]. 保存地点:单位,日期,卷.

[1] 国家标准化管理委员会. 学术论文编写规则 GB/T 7713.2—2022[S]. 北京:中国标准出版社,2022:12.

7）专利

[序号]专利所有者. 专利题名[P]. 专利所在省或直辖市(如果是国外专利的话标注国家名):专利号,出版日期.

[1] 张怀相,戴国骏,曾虹. 一种移动机器人运动高精度控制方法[P]. 浙江:CN101116969,2008－02－06.
[2] 褚金奎,李荣华,李庆瀛. 一种机器人车体悬挂系统[P]. 辽宁:CN101117086,

2008-02-06.

[3] 于复生,郭梅静,沈孝芹等.一种抹墙机器人[P].山东:CN101117848,2008-02-06.

8) 会议文献

[序号]会议主办者.会议(或会议录)名称[C].地点:出版者,出版日期.

[1] 黄争艳,李佳宁,王顺帆.工业机器人在冲压自动化生产线中的应用探究[C]//广东省国科电力科学研究院.第四届电力工程与技术学术交流会议论文集.广东工贸职业技术学院;广州黑格智造信息科技有限公司,2023:2.

[2] 章佳巍,彭紫腾,李康.工业机器人在机械制造教学中的角色与价值分析[C]//百色学院马克思主义学院,河南省德风文化艺术中心.2023年高等教育科研论坛桂林分论坛论文集.武汉东湖学院,2023:2.

[3] 黄海睿,王进忠.社交机器人参与中国体育明星讨论的行为与立场偏向——以Twitter平台中国女排运动员朱婷的话题为例[C]//中国体育科学学会.第十三届全国体育科学大会论文摘要集——墙报交流(体育新闻传播分会).沈阳体育学院党委研究生工作部;沈阳体育学院,2023:4.

9) 电子文献

[序号]作者.题名[EB/OL].(发表日期)[引用日期].网址.

[1] 黄玥.第十届"创青春"中国青年创新创业大赛落幕 吸引4.6万多名创业青年参加[EB/OL].(2023-11-30)[2024-02-28].http://www.news.cn/2023-11/30/c_1130001463.htm.

10) 政府公文

[序号]单位.题名[A/OL].(发表日期)[引用日期].网址.

[1] 国务院办公厅.国务院办公厅关于深化高等学校创新创业教育改革的实施意见:国发办〔2015〕36号[A/OL].(2015-05-04).[2024-02-28].https://www.gov.cn/zhengce/content2015-05/13/content_9740.htm.

4.5.7 附录格式

附录是与论文内容密切相关,但编入正文又影响整篇论文编排的条理性和逻辑性的一些资料,例如某些重要的数据表格、计算程序、统计表等,是论文主体的补充内容,可根据需要设置。附录的格式与正文相同,并依顺序用大写字母A、B、C、…编序号,如附录A、附录B、附录C、…,只有一个附录时也要编序号,即附录A。每个附录应有标题。附录序号与附录标题之间空一个汉字符,例如"附录A 北京市2003年度工业经济统计数据"。附录中的图、表、数学表达式、参考文献等另行编序号,与正文分开,一律用阿拉伯数字编码,但在数码前冠以附录的序号,例如"图A.1""表B.2""式(C-3)"等。

4.5.8 攻读学位期间的研究成果

“攻读学位期间的研究成果”标题格式采用黑体三号字，居中书写，单倍行距，段前 24 磅，段后 18 磅。正文部分宋体小四，固定行间距 20 磅。

攻读学位期间的研究成果可按顺序分别列出，每部分之间空 1 行，序号可连续排列：

(1) 已经刊载的学术论文(本人是第一作者，或者导师为第一作者、本人是第二作者)。按照参考文献格式书写，并在其后加括号，括号内注明该文检索类型、检索号、期刊的影响因子等。如果该论文未被检索，在括号内注明期刊级别或属于何种检索源刊，例如中文核心期刊、SCI 源刊、EI 源刊等。

(2) 尚未刊载，但已经收到正式录用函的学术论文(本人为第一作者，或者导师为第一作者、本人是第二作者)。按照参考文献格式书写。在每一篇文献后加括号注明已被××××期刊录用，并注明期刊级别或属于何种检索源刊，例如中文核心期刊、SCI 源刊、EI 源刊等。

(3) 其他学术论文。可列出除上述两种情况以外的其他学术论文，但必须是已经刊载或者收到正式录用函的论文。研究成果可以是攻读学位期间参加的研究项目、获得专利或获奖情况等。获得专利请注明专利名称、作者、专利号；奖项请注明获奖名称、颁奖部门、获奖时间及个人在获奖者中的名次。

4.5.9 致谢格式

对于用于评审、答辩、审议学位及提交学校存档的论文，致谢对象一般是对完成学位论文在学术上有较重要帮助的团体和人士。致谢一般单独一页，标题和页眉内容均为“致谢”。

“致谢”标题格式采用黑体三号字，居中书写，“致谢”两字之间空一格，单倍行距，段前 24 磅，段后 18 磅。正文部分宋体小四，固定行间距 20 磅。

4.5.10 图、表、表达式

图、表和表达式按章编号，用两位阿拉伯数字分别编号，前一位数字为章的序号，后一数字为本章内图、表或表达式的顺序号。两个数字之间用半角横线“-”或小数点“.”连接。例如“图 2.1”“表 5.6”“式(1-2)”等。

1) 图

图片要精选，切忌与表及文字表述重复。图片要清楚，但坐标比例不要过分放大，同一图上不同曲线的点要分别用不同形状的标识符标出。图中的术语、符号、单位等应与正文表述中所用一致。要有图序与图名，例如“图 2.1　发展中国家经济增长速度的比较(1960—2000)”中，“图 2.1”是图序，是“第 2 章第 1 个图”的序号，其余类推。图序与图名置于图的下方，采用宋体 11 磅字居中书写，段前空 6 磅，段后空 12 磅，行距为单倍行距，图序与图名文字之间空一个汉字符宽度。图中标注的文字采用 9～10.5 磅，以能够清晰阅读为标准。专有名字代号、单位可采用外文表示，坐标轴题名、词组、描述性的词语均采用中文。如果一个图由两个或两个以上分图组成时，各分图分别以(a)、(b)、(c)、…作为图序，并有分图名。

2）表

表中参数应标明量和单位的符号。为使表格简洁易读，均采用三线表(必要时可加辅助线，三线表无法清晰表达时可采用其他格式)，即表的上、下边线为单直线，线粗为 1.5 磅；第三条线为单直线，线粗为 1 磅。表单元格中的文字一般应居中书写(上下居中，左右居中)；不宜左右居中书写的，可采取两端对齐的方式书写。表单元格中的文字采用 11 磅宋体字，单倍行距，段前空 3 磅，段后空 3 磅。要有表序与表名，例如“表 3.1　第四次全国经济普查数据(北京)”中，“表 3.1”是表序，是“第 3 章第 1 个表”的序号，其余类推。表序与表名置于表的上方，采用宋体 11 磅字居中书写，段前空 12 磅，段后空 6 磅，行距为单倍行距，表序与表名文字之间空一个汉字符。当表格较大，不能在一页内打印时，可以“续表”的形式另页打印，格式同前，只需在每页表序前加“续”字即可，例如“续表 3.1　第四次全国经济普查数据(北京)”。若在表下方注明资料来源，则此部分用宋体五号字，单倍行距，段前空 6 磅，段后空 12 磅。需要续表时，资料来源应注明在续表之下。

3）表达式

表达式主要是指数字表达式，例如数学表达式，也包括文字表达式。表达式采用与正文相同的字号居中书写，或另起一段空两个汉字符书写；一旦采用了上述两种格式中的一种，全文都要使用同一种格式。表达式应有序号，序号用括号括起来置于表达式右边行末，序号与表达式之间不加任何连线。表达式行的行距为单倍行距，段前空 6 磅，段后空 6 磅。当表达式不是独立成行书写时，有表达式的段落的行距为单倍行距，段前空 3 磅，段后空 3 磅。文中的表、图、表达式一律采用阿拉伯数字分章编号，例如“表 3.2”“图 2.5”“式(3-1)”等。表达式在文字叙述中采用“式(3-1)”形式，在编号中用“(3-1)”形式。若图或表中有附注，采用英文小写字母顺序编号，附注写在图或表的下方。表达式中的变量及变量单位的使用规则可参阅《空间和时间的量和单位》(GB 3102.1—1993)。变量一般采用斜体，变量或变量的上下角标具有明确的含义时，可采用正体，如 INV_{max}、BW_{maintain} 中的 max 和 maintain 采用正体。当在论文中需要把向量或矩阵的元素写出来时，向量一般用圆括号表示，矩阵一般采用方括号表示。

4.5.11　页面设置、页眉与页码

1）页面设置

“扉页”“答辩委员会名单”“××大学学位论文原创性声明”“××大学学位论文版权使用授权书”四部分单面印刷，不加页码。从“中文摘要”开始各部分双面印刷，各部分之间不必留空白页。

打印均采用A4幅面白色70 g以上80 g以下(彩色插图页除外)纸张印刷,页面设置的数据为:页边距:上3.0 cm,下3.0 cm,左3.0 cm,右3.0 cm,装订线0 cm;页码范围:普通;页眉距边界:2.2 cm,页脚距边界:2.2 cm。

2) 页眉与页码

页眉的内容:左侧为"××大学硕士学位论文";右侧为该部分的章标题,例如摘要部分的页眉是"××大学硕士学位论文……摘要"、目录部分的页眉是"××大学硕士学位论文……目录",第一章绪论的页眉是"××大学硕士学位论文……第一章　绪论",论文页眉奇偶页相同,各部分首页也要有页眉。页眉从摘要开始,采用宋体小五号字书写(Abstract部分用Times New Roman字体小五号字)。

4.6 论文查重

4.6.1 查重系统原理

目前,对于维护学术诚信和知识产权的意识日益增强。在这个背景下,论文查重系统应运而生,其主要目的是通过全面检测学生提交的论文,排查其中可能存在的抄袭和剽窃行为。

论文查重系统如何进行全面检测呢?第一,系统会对待检测的论文进行分篇处理,将文章分割成若干段落,并逐段进行比对。系统会从其内部数据库、互联网、已发表的学术期刊等多个渠道搜索相关的文献和资料,以便全面检测论文的原创性。第二,系统会利用先进的文本比对算法,例如字符串比对、语义分析等技术,将待检测论文与已有的文献进行比较,找出相似之处并标注。这样一来,即使有细微的相似度,系统也能够准确地检测出来。除此之外,论文查重系统还会对论文的引用来源和参考文献进行核实,确保其中的引用准确无误,并防止学术不端行为的发生。

论文查重系统通过利用文本比对算法和多渠道搜索的方式,能够对论文进行全面检测,排查其中存在的抄袭和剽窃行为。这种系统不仅可以为教育界提供一个有效的工具、保护学术诚信,还有助于提高学生的写作水平和独立思考能力。而对学术期刊等出版机构来说,查重系统还能帮助他们更好地筛选稿件,提高出版质量。因此,论文查重系统在学术界和教育界都具有重要的实际意义。

4.6.2 论文格式优化

合理运用各类引用格式也是避免查重问题的关键。无论是APA、MLA还是哈佛引用格式,论文作者应当根据具体要求选择适合的引用格式,并在整个文章中保持一致。若在不同引用格式之间频繁切换,不仅会增加学术写作的难度,还可能因格式不规范而引起查重系统的误判。

注意文中文字表达的准确性和语言规范性也是优化论文格式的关键。无论论文内容有多么出色，若存在语法错误、拼写错误或句子结构不清晰等问题，都会给阅读和评估过程带来困扰。为了规避查重问题，作者应在论文提交前进行仔细的校对工作，确保论文中的每个细节都得到正确处理。

建议在提交之前使用专业的查重工具进行自查。如今市场上有许多针对查重问题的软件和在线工具，可以帮助作者提前了解自己的论文是否存在不合规的地方。通过及时检测和修正，作者可以确保自己的论文格式达到要求，有效避免查重问题的发生。

为了避免论文查重问题，作者在论文写作过程中应注意合理引用、规范引用格式、准确表达以及使用查重工具进行自查等方面。只有重视这些细节，才能优化论文格式，提高论文质量，并顺利通过查重环节。

4.6.3　论文查重网址

首先，我们需要了解知网系统是什么，知网的查重原理是什么。知网系统是中国知网(CNKI)开发的一种专门用于论文查重的软件。该系统利用了自然语言处理、机器学习和信息检索等技术，能够对提交的论文进行全文查重，并给出相似度报告。由于知网系统在中国学术界广泛使用，因此它成为许多高校和期刊的查重标准。知网系统作为中国最大的学术资源库，具有广泛的学术资源和强大的查重功能，成为常用的查重工具。知网系统采用了先进的文本比对算法，可以有效地检测出论文中的相似内容，并给出详细的相似度报告。此外，知网系统还有丰富的文献库和论文数据库，可以为读者提供更全面的论文参考资料。因此，使用知网系统进行论文查重，可以有效提高查重的准确性和可信度。

中国知网目前对广大作者提供了个人的论文查重服务，查重的官方网址是 https://www.cnki.net/。进入个人查重服务后注册登录即可上传论文开展查询，查重的时候一定要把参考文献放进去。目前，知网也能够对 AI 生成的文字查重。市场上还存在许多其他的论文查重系统，例如维普、Paperfree 等。这些系统同样具备强大的查重功能，并且在国外学术界使用广泛。因此，我们并非一定要使用知网系统，而是根据具体情况选择最适合自己的工具。

在选择查重系统时，需要考虑以下因素：首先，要确保系统能够对中文文献进行准确的查重，因为有些系统主要针对英文文献；其次，应关注系统的检测技术和准确度，确保能够发现论文中的重复、抄袭和未注明引用的内容；此外，用户友好的界面和合理的价格也是选择系统的关键因素之一。

4.6.4　查重后修改

4.6.4.1　查重报告

作者需要仔细阅读查重报告，了解其中指出的相似部分。然后，作者应该进行自我评估，判断相似部分是意外的引用、对文献的广泛讨论，还是实际上的剽窃。根据不同的情况，作者可以采取不同策略进行修改。对于意外的引用和对文献的广泛讨论，作者可以添加适当的引用和注释来准确表示信息来源。对于实际的剽窃行为，作者需要重新组织和重写这些部分，以确保其原创性和合理性。

作者可以考虑在修改论文的同时进行其他改进。通过查重报告，作者可以了解到论文中存在的其他问题，比如语法错误、逻辑混乱等。因此，作者可以借此进行全面的修订和润色，以提升论文的质量。此外，作者还可以考虑进一步扩充研究内容、提供更多的实证支持和数据分析，以增强论文的说服力和学术价值。

论文查重是一个非常重要的步骤，它可以有效发现论文中的重复部分。然而，许多学生在写作过程中往往存在对他人观点、研究成果的盲目引用，或者是无意中因为不熟悉写作规范而出现了重复的语句。为了降低重复率，学生应该充分了解和掌握学术写作规范，正确引用他人观点，并避免盲目复制粘贴。

例 如图 4-2 所示为某论文的查重报告，从中可以发现“知网个人查重服务报告单”中，需要关注的有这样几处：首先，关注“总文字复制比”，这个百分比就是我们所说的论文的重复率，是需重点关注的。然后，关注图 4-2 中④处，可以发现查重报告将文章分为 3 个部分，并给出每个部分的重复率；最后根据查重报告的标注，逐条去修改自己论文的内容。

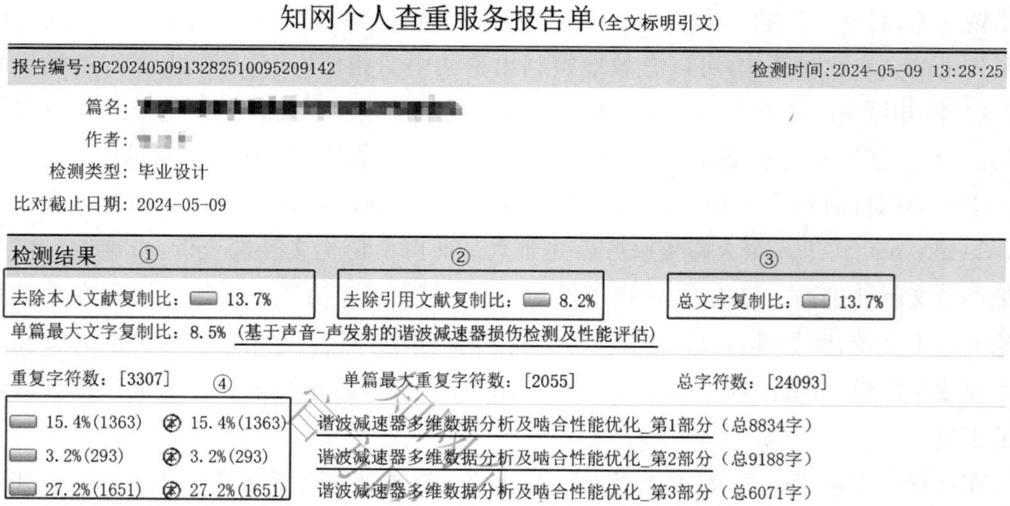
知网个人查重服务报告单(全文标明引文)

报告编号:BC2024050913282510095209142 检测时间:2024-05-09 13:28:25

篇名：[redacted]

作者：[redacted]

检测类型：毕业设计

比对截止日期：2024-05-09

检测结果 ① ② ③

去除本人文献复制比：13.7% 去除引用文献复制比：8.2% 总文字复制比：13.7%

单篇最大文字复制比：8.5%（基于声音-声发射的谐波减速器损伤检测及性能评估）

重复字符数：[3307] ④ 单篇最大重复字符数：[2055] 总字符数：[24093]

15.4%(1363) 15.4%(1363) 谐波减速器多维数据分析及啮合性能优化_第1部分（总8834字）

3.2%(293) 3.2%(293) 谐波减速器多维数据分析及啮合性能优化_第2部分（总9188字）

27.2%(1651) 27.2%(1651) 谐波减速器多维数据分析及啮合性能优化_第3部分（总6071字）

图 4-2 某论文的查重报告

4.6.4.2 修改论文

论文查重后的修改是一项关键的工作，可以对论文质量和接受性产生重要影响。一些有效的修改方法，主要包括仔细阅读查重报告、重新表述或改写、增加原创内容、调整论文结构等。通过采取这些方法，作者可以有效地改善论文，并提高其学术价值和发表潜力。

1）深入理解查重报告

（1）仔细阅读查重报告，理解哪些部分被标记为重复。

(2) 注意查重报告中标出的相似度百分比和引用的来源。

2) 重新表述或改写

(1) 对于被标记为重复的部分,尝试重新表述或改写。

(2) 改变句子结构、使用同义词替换关键词等。

(3) 确保新的表述仍然清晰、准确,并且符合论文的语境。

3) 增加原创内容

(1) 在论文中增加更多自己的分析和见解,减少直接引用或转述他人观点的部分。

(2) 引入新的研究方法、数据或案例,增加论文的原创性。

4) 修改论文的结构

(1) 有时候,论文的某些部分可能由于结构问题而容易被判定为重复。例如,如果引言部分过于冗长且缺乏原创性,可以尝试重新组织或缩短引言部分。

(2) 尽量只引用对论文论点有直接支持作用的文献

(3) 注意论文的逻辑性和连贯性,通过调整论文逻辑表达方式也能够降低重复率。

降低论文的重复率需要学生不断提升学术写作能力,并意识到学术道德的重要性。在降低重复率的过程中,要始终遵循学术诚信的原则。不要试图通过不正当手段来降低重复率,如抄袭、伪造数据等。只有在这样的基础之上,才能够写出高水平、高原创性的论文,满足学术界对于原创性的要求。

第 5 章 中文期刊论文的撰写

文所以载道也。轮辕饰而人弗庸，徒饰也，况虚车乎。

——周敦颐《通书·文辞》

本书第 3 章和第 4 章分别介绍了论文的开题及学位论文的撰写要点，本章则重点介绍中文期刊论文撰写的基础知识点。

本章首先介绍期刊论文中实验结果分析的撰写，其次介绍实验方法及引言的撰写，然后介绍引言的撰写，以及期刊论文结论和摘要的撰写，最后介绍中文期刊的选择和投稿事项。

5.1 中文期刊论文概述

中文期刊论文是指在中国(统计未含港、澳、台地区)出版的期刊上发表的论文，有学术性与非学术性之分，包括教育教学类、经济管理类、医药医学类(含护理)、文学艺术类、科技工程类、社科综合等类别。期刊又分为普刊和核心期刊，普刊的全称为普通期刊，指没有被列入核心期刊目录的期刊。

对于期刊论文，建议首先从实验结果开始写起，然后依据作者的实验过程撰写实验方法，再由实验结果得出结论，再根据实验结果和结论提炼创新点，参考创新点找出国内外学者在此方面的研究，论述自己的工作和创新点，最后根据全文去写摘要。

5.2 实验结果分析

论文的核心部分就是数据。在论文中这部分称为结果。结果部分不应用于描述在材料与方法部分遗漏的内容。结果部分通常有两方面的内容：一是对所做实验给出总体描述，但不要重复描述材料与方法部分已给出的实验细节；二是给出实验数据，描述实验结果时一般采用的是过去时态。

撰写结果部分应该展示有代表性的数据，而不是重复性的数据。如果科技人员重复相同的实验100遍，并且取得的实验数据没有什么大的出入，那么项目负责人对此还可能颇为欣赏。然而，期刊编辑和期刊读者还是只希望看到更有代表性的数据。

结果部分如果只有几个数据，可以逐个给出这几个数据，但是如果数据很多，应该用表格或图片来给出这些数据。结果部分给出的数据应都是有意义的。假设在一个特定的化学实验里，科技人员逐个测试了一些变量，那些能影响化学反应的变量就是有意义的数据，并且如果这些变量为数众多，应该用表格和图片的形式给出这些变量；而没什么影响的变量就不用在结果部分给出。结果部分也可以指出实验结果不尽如人意的地方，或是在一定实验条件下该实验未能产生预期的结果。

描述实验结果时应力求简洁清楚。Mitchell曾引用爱因斯坦的话："在描述事实真相的时候，把修饰工作留给裁缝去做吧"。结果部分是论文中最重要的部分，但是这部分也经常是论文中最为短小的部分。

实验结果就是作者的科研工作所要贡献的新知识，因此结果部分要叙述得简洁清楚。论文的前面几部分（引言、材料与方法）将告诉读者，作者为什么开展这项科研工作，以及作者是如何开展科研取得实验结果的；论文的后面部分（讨论）则告诉读者这些实验结果有什么意义。显然，论文全文都是因为结果部分的内容才得以立足。因此，结果部分务必要撰写得意思清楚。

如果结果部分必须用较多文字进行说明，也不必觉得过分内疚。事实上，结果部分最常见的错误，就是对已用图片或表格表征的数据用文字重复描述一番；甚至是对图表中的大多数或全部数据都用文字叙述出来，因为许多作者都会犯这样的错误，所以在引用表格和图片时不要重复描述。

例　《基于声发射信号稀疏表示的铝合金板材拉伸过程识别方法》的第三节"基于非负矩阵分解的声发射稀疏表示分类的结果分析"

利用稀疏表示对铝合金拉伸过程监测到的声发射信号进行了分析处理，研究了数据类型和分解维度对基于稀疏表示的拉伸过程不同阶段声发射信号识别率的影响。在此基础上，将提出的信号处理方法应用于铝合金连续拉伸过程的应力-应变状态识别。

3.1　拉伸过程典型声发射信号的稀疏表示及识别

对声发射检测系统采集到的声发射信号进行分析发现，铝合金板材拉伸过程中产生的是突发型声发射信号，信号的生成时间无明显的规律性。根据表1所示的拉伸过程不同阶段的时间范围，在各个阶段截取110组（共550组）符合突发型发射信号特征且幅值较大的声发射信号。截取的每组声发射信号的数据长度为2048，时长为682.7 μs。信号截取时保留了一定的预采样数据，并保证信号之间数据不重叠。基于声发射信号在频域分布的稀疏性，对所有的声发射信号分别进行FFT和STFT分析，构造FFT和STFT数据集……

分析：可以看出，作者在该部分分析了算法的实验结果，重点以表格和图的形式展现了算法的效果。可以发现在得到实验结果之后，作者还对图进行了阐释，这是工科论文中重要的一部分，对实验结果进行描述；这一部分和结论部分不同，要尽量详细，用丰富的表格和图以及文字来阐述论文的实验结果。

5.3 实验方法撰写

在实验方法部分要描述得尽可能详细，这部分大多以过去时态来表达。方法部分的一个主要目的是描述实验方法，提供尽可能多的细节，以便具备一定能力的同行能重复论文所描述的实验，必要时要解释为什么采用这种实验方法。另一个目的就是为读者提供足够的信息，以便判断论文实验方法是否合理，从而判断实验结果是否有效，并进而判断实验结果在什么范围内具有普遍意义。很多读者会跳过方法部分，因为他们已经从引言部分了解了作者所采用的实验方法的大致情况，而对实验细节兴趣不大。不过把这部分详细描述出来还是非常重要，因为对科研方法的首要要求就是科研结果可再现，要让读者认为论文结果可再现，就必须提供能让他人重复该实验所要采取的基本步骤。如果实验不能被重复，论文就偏离了科学轨道。因此，论文必须给出能复制出同样或类似结果的实验方法，否则论文就不是真正的科技论文。

人们通常采用时间顺序来描述试验方法。不过对于关系紧密的几种方法，放在一起描述比简单地按时间顺序先后描述要合适。例如，试验即使是在研究阶段的后期才做的，在论文中这个试验方法还是应同作者采用的其他试验方法放在一起描述，而不是单独放在材料与方法部分的后面来描述。

例 《基于声发射信号稀疏表示的铝合金板材拉伸过程识别方法》的第一节"基于非负矩阵分解的声发射稀疏表示方法"

本文提出一种基于非负矩阵分解(non-negative matrix factorization, NMF)的声发射信号稀疏表示方法(sparse representation, SR)。通过对钣金拉伸过程声发射信号进行非负矩阵分解，提取其在低维子空间映射的特征系数，用于构造训练字典和测试样本，并利用稀疏表示方法实现对拉伸过程不同阶段的表征与识别……

分析：通过阅读第一节，可以发现作者在该部分重点阐述了"非负矩阵分解的声发射稀疏表示方法"，阐述了算法的流程图、算法的计算过程，这一部分尽量详细地表示了算法过程。

5.4 引言撰写

论文正文的第一部分就是引言。引言的目的是给阅读论文的读者提供足够的相关信息，让读者不用查阅该领域的文献就能理解论文的结果，并对其做出恰当的评价，引言还应说明作者开展论文所述科研工作的原因。最重要的是，要清楚简洁地陈述写作目的，还要慎重选择放在引言中的参考文献，以便为读者提供最重要的背景信息。因为论文开始部分主要是提及该领域中已被认可的知识，并提出作者在论文中要解决的问题，所以引言的大部分内容都采用现在时态来写作。撰写时需要遵循以下几条规则：

(1) 引言要尽可能清楚地给出论文所研究问题的性质和范围。

(2) 为方便读者理解，引言应简要回顾相关文献中的工作。

(3) 引言应明确指出采用的研究方法，必要时应指出采用该特定研究方法的原因。

(4) 引言应陈述主要的研究结果。

(5) 引言应指出由研究结果得出的主要结论。

不要给读者留悬念，要让读者清楚知道论文作者开展这一科研工作的思路。关于上述规则再进一步说明如下。许多作者，特别是刚开始涉足科技写作的作者会犯这样的错误：把最重要的科研发现保留到论文结尾部分才陈述出来。极个别作者大概是为了制造悬念，从而在论文结尾部分出现一个出人意料的戏剧化高潮，甚至在摘要中也不提及自己的重要发现。在学识渊博的科学家面前进行这种"把戏"实在不够聪明，就好比在语法学家面前卖弄双重否定一样。这种"制造悬念"的论文写作方法通常会使读者觉得论文太枯燥，还没读到使作者感兴趣的精彩之处就彻底放弃了。

要时刻牢记引言的目的是介绍论文。因此，规则(1)(定义问题)是引言中最重要的一点。如果作者不能将待研究的问题陈述得合乎情理并清楚易懂，那么读者根本不会对作者给出问题的解决方案感兴趣，根本不会浪费时间去阅读全文。科技论文在某种意义上就像新闻报道一样：在导语(引言)部分要尽量抓住读者的注意力，要告诉读者为什么选择这个研究问题，为什么这个题材意义重大。规则(2)、(3)都同规则(1)紧密相关。在回顾文献中的相关工作和指出所选的研究方法时，要能帮助读者更好地理解待研究的问题及作者是采取何种方法解决该问题的。

前三条规则很自然就引发了规则(4)和规则(5)，即陈述主要结果和结论，这是引言的高潮部分。这种从提出问题到给出问题解决方案的引言写作方法非常重要，引言中的内容即使同摘要中的内容有所重复也是合情合理。

在一些科研领域和期刊中，科技论文通常只遵守前三条规则。因此在阅读欲投稿期刊上的论文时，要注意在这些论文的引言中是否简述了科研结果和结论。如果没有，那么自己在撰写论文的引言部分也就不用涉及科研结果和结论。

在有些领域，论文的引言部分通常采用"漏斗"式的写作方式，即先介绍广义的和概括性的知识，再介绍狭义的和特定的知识。例如，在引言部分可以先提及科研工作所属大课题的重大意义，再回顾总结科研人员对该大课题的某一方面已做的科研工作，然后指出该方面一个未解决的问题，最后指出自己的论文是如何解决这个问题的。这种介绍方式同科技人员接待实验室的访问人员时采用的介绍方式很类似：先为访问者提供背景信息，再告诉访问者自己所做的研究工作。论文读者其实就像是在访问论文作者的科研实验室。论文中的引言部分就像是对访问者的欢迎致词，应该提供全面而有帮助的信息。

如果作者曾发表过当前科研工作的概要或早期成果，在这篇论文的引言部分就应以引用的方式提及相关的早期工作。如果有与当前论文关系紧密的其他论文在别处已经发表或即将发表，那么也应该在引言结尾部分提及。这对要查阅这些文献的读者带来了极大的方便。

除了上述规则，还要注意的是，专业领域之外的人士也可能阅读论文。因此，如果打算在论文中使用专业术语或缩写，最好在引言部分给出这些术语或缩写的定义。

例 《基于近场声全息的纺织装备高速运动机构噪声源识别》的引言部分

依据《工业企业噪声控制设计规范》(GB/T 50087—2013)规定，生产车间的噪声限值为85 dB，但现阶段我国较多纺织车间噪声在标准限值以上。纺织工人长期暴露在这种环境下，身心健康会受到严重伤害。若能准确识别出噪声源位置，则可采取针对性的措施减振降噪，甚至在产品设计阶段就能对噪声加以预估，实现低频噪声控制。

传统的噪声源识别方法主要有声压法、表面振动法和声强法等。声压法在测试时受声源及环境条件影响很大，一般用作简单的噪声源识别；表面振动法对定性分析复杂结构的噪声源具有较高的精度，但易受振动测量位置等因素的影响；声强法对测试环境要求较低，但需要布置大量检测点，且只能对稳定的工况进行逐点扫描测试，其造价高，耗时长并且试验效率低。由于高端纺织装备结构复杂，低频特征明显，干扰噪声多，因此，传统噪声源识别方法并不适用。

基于近场声全息的噪声源识别方法是阵列声学中的重要方法之一。工程中只需要使用声阵列在靠近声源的全息面上测量复声压，就可重建整个三维空间声场中任意点处的声压、质点振速、矢量声强以及声源辐射的声功率等声学量。目前，由于近场声全息算法具有识别效率高、空间分辨率好、低频声源识别精度高以及声场可视化特点，因此其在航空、车辆工程等领域都具有广泛应用。近场声全息相关算法中，统计最优近场声全息(SONAH)是近年来的新兴算法。相比其他声全息算法在测量中的阵列限制和卷绕误差等缺陷，统计最优近场声全息算法一方面利用有限元波叠加，算法不涉及二维傅里叶变换以及声学传播算子计算，避免了传统声全息中有限孔径效应等带来的误差；另一方面突破了阵列形式限制，可采用比声源面积小的随机阵列测量大型结构声源，并准确实现局部声场的重建。本文采用统计最优近场声全息对高端纺织装备中的典型代表簇绒地毯织机的整体以及局部区域进行噪声识别。考虑到实际测量环境背景，采用圆形旋转声振列测试系统，运用Tikhonov正则化方法解决SONAH算法重建过程中由于测量误差造成的不适定问题；采用广义交叉验证法选取最优正则化系数，提高重建图像精度，得出簇绒地毯织机局部区域主要噪声源的声学成像图，并结合簇绒地毯织机发声机制识别出对应噪声源位置。

分析：论文的题目是《基于进场声全息的纺织装备高速运动机构噪声源识别》，在引言的部分，首先介绍背景，目前工厂噪声超过一定分贝，并且这样会造成工人损害。然后介绍研究的意义，“若能准确识别出噪声源位置，则可采取针对性的措施减振降噪”。

5.5 结论和摘要撰写

5.5.1 结论撰写

论文的结论应通过实验观察和理论分析来反映论文的学术观点。结论应是本文的最终结论。换言之,结论应是整篇论文的结论,而不是局部问题或分支问题的结论,也不是对论文中摘要的简单重复。结论应该反映作者更深层次的理解,并从整篇论文的全部材料出发,通过推理、判断、归纳等逻辑分析过程,对新的学术概念、整体观。结论应该准确、完整、明确、精练。

该部分的写作内容一般有以下几个方面:本文研究结果说明了什么问题;对前人有关的看法做了哪些修正、补充、发展、证实或否定;本文研究的不足之处或遗留未予解决的问题,以及对解决这些问题的可能的关键点和方向。

结论应该避免的三个问题是:①把结论写成余论,但是不需要在结论余留一些问题给读者展示;②把结论写成展望,一篇论文把本身需要解决的问题解决好即可,一般不需要展望什么。如果一定要展望,那么在结论之后写一百字左右的文字表达一下。③把结论写成感想,不少学生在结论中经常触景生情、浮想联翩,把许多与结论没有关联的东西写进来,这是忌讳。

论文结论的写法是在理论分析和实验验证的基础上,从严谨的逻辑推理中获得的创造性、启发性和实证性的结果。它以其条理性、明晰性和客观性体现了论文或研究成果的价值。结论与引言类似,可为读者提供足够的相关信息。结论不是对研究内容的结果简单地重复,而是对研究结果有了更深一步的认识,就如同从身体的各个部位入手,并涉及部分的介绍,经过判断、归纳、推理过程和新思路。

以科技论文结论作为分析案例介绍如下。

1）科技论文中结论存在的问题

(1) 摘要中的"结论"代替了正文中的"结论"。由于部分作者不了解摘要的作用及如何撰写,为与正文区别,避免内容重复,则在摘要中提到的结论,在正文中一律删去,导致论文缺少重要"结论"。摘要的作用主要是为读者提供论文的主要信息,使读者在最短时间内对论文整个内容的价值有初步了解,为其决定是否详细阅读全文提供依据。

摘要是对科技论文的高度概括,其本身具有的独立性使其与正文各自独立成文,但其内容则是以正文中重要的研究背景、条件、结果及结论等主要信息为基础,摘其要处而独立成文,其撰写的主要内容包括研究目的、方法、结果和结论。对于没有结论的科技论文,其摘要中的结论就无从谈起,因此说不能用摘要中的"结论"替代正文中的结论。

(2) "结果与分析"代替了"结论"中的内容。此类情况常出现在实验研究类论文中,由于其分标题——"结果与分析"中的内容包括得出的实验结果以及对这些结果进行理论分析，正是因为这些内容，使得许多作者误认为已将结论内容详细列出并已说明，因此在接下来的分标题——结论中仅将分标题“结果与分析”中的内容简单列项，未将结论应体现的内容表述清楚，即包括对实验结果的分析进一步提升，使其具有普遍性，揭示其原理，仅是论文形式上有“结论”，实质上却缺乏有重要意义的“结论”。

(3) 结论与结语两个概念不清。“结论”与“结语”属于两个独立概念，前者是“从前提推论出来的判断”“对人或事物所下的最后的判断”，而后者则是指文章或正式讲话结尾带有总结性的一句话结论需要在经过严谨的论证、推导、调查或实验之后才能够得出的具有创新性、客观性的论断，是对研究成果的进一步认识、升华。这个论断既有可能是对他人研究成果的进一步推进，也有可能与他人的研究成果相反，但无论是结果如何，都要求是明确的、准确的，并具有普遍性，其篇幅根据论文具体情况可长可短。结语相对结论而言，在内容的表述上宽泛许多，可表达简单的推导结果，也可对存在的问题提出进一步深入研究、对未来应用前景的展望等，语言表述上要求尽量简短。

(4) 结论内容与引言内容相互重复。结论内容与引言内容相互重复主要包括两种情况：一种情况是引言中出现结论内容，在文末又再次重复结论内容。有的作者采用倒推方式，在引言部分开篇就将科研的研究背景、提出的问题、研究方法，包括得出的结论先给出，然后再展开详细论证，而在正文论证之后文末又再次给出结论，使前后内容重复。另一种情况是结论中出现应在引言中出现的内容，如研究背景、理论依据、实验基础等，把结论写得像引言。无论哪种情况，都是不应该出现的。

引言作为科技论文的开始，其目的更多是向读者介绍本研究的历史背景，说明研究的起点、重点和价值，提出正文待解决的问题，引导读者阅读和理解全文。而结论除包括对结果的逻辑延伸外，还包括对引言中提出的问题进行相应回应，即综述所得结果。两者无论从作用，还是从撰写内容上都有严格区分。

2) 结论的撰写内容及其在不同类型论文中的表现形式

(1) 结论的撰写内容。主要包括：对研究对象进行实验或考察得到结果所揭示出的原理或普遍性；阐述研究中与前人研究结果的不同情况；本文未解决的问题；阐述本文在理论或生产生活中的实用价值等。

(2) 结论的多种形式。有很多作者，甚至部分编辑人员都认为结论应在文末出现，这是一个认识误区。科技论文所涉及的研究领域众多，因此科技论文的写作体例也各不相同，论文中的结论所体现的形式也多种多样。研究报告类、试验研究类等论文的结论通常在论文的文末位置；数学推导类论文的结论往往是在正文开篇部分先给出，再进行详细推导证明；综述类论文其结论则一般在每个层标题所列研究进展情况之后给出，即结论出现在行文中等各种情况。

正是由于不同类型科技论文的表述需要，决定了结论在论文整个文体结构中不必拘泥于“只在文末”的位置，对于在引言中已先给出结论或在综述类论文中论证部分已分层给出明确结论的论文，可不必另单列标题来表述，以提高期刊的有效信息量。

例1《基于近场声全息的纺织装备高速运动机构噪声源识别》

本文基于SONAH算法，结合簇绒地毯织机结构特点和相关噪声分析，对织机在正常工作状态下的低频段0～350 Hz声场数据进行识别定位，得出如下结论：

(1) 结合Hald经验公式的SONAH算法可识别织机主要发声位置，但有偏差。这是由于簇绒地毯织机结构复杂，声源之间相互干扰，而基于Hald经验公式的参数确定方法忽略了全息测量面所测得声压误差，且该误差在计算过程中被放大，进而影响了声源的分离和准确定位。

(2) 引入Tikhonov正则化方法解决重建过程中由于测量误差引起的不适定问题，同时采用广义交叉验证法选取最优正则化系数。综合实际观测结果，可判定簇绒地毯织机的主要噪声源有电动机的转动噪声、主轴曲柄的共振噪声、簇绒针刺穿基布的摩擦噪声及凸轮的振动噪声。

(3) 综合归一化能量分布法可得，4处发声位置的噪声声强均超过生产车间的噪声限值85 dB，并且电动机与针排机构这2处噪声源占据最主要能量比例，因此，对电动机与针排机构进行噪声抑制，能够有效降低簇绒地毯织机的整体噪声。

分析：论文的结论一般采用本例的这种表达方式，先用1～2句总体介绍本文的工作，然后分条介绍本文的主要结论。

例2《基于声发射信号稀疏表示的铝合金板材拉伸过程识别方法》

本文提出了一种基于声发射信号稀疏表示的板材拉伸过程自动识别方法，得出以下主要结论：

(1) 与时域波形相比，声发射信号的频谱和时频分布中携带更多的信息，更适合用于不同拉伸过程中应力-应变状态的表征和识别。

(2) 提出的基于声发射信号稀疏表示方法可以很好地实现铝合金板拉伸过程5个不同阶段应力-应变状态的自动识别。

(3) 与FFT数据相比，基于STFT数据集的稀疏表示分类方法对拉伸过程应力-应变状态的识别率更高。

需要指出的是，由于试件的材质和尺寸参数(如厚度)对其应力-应变状态和产生的声发射信号均有直接影响，因此，对于不同类型试件，需要分别进行训练和识别。

分析：本例中首先用一句话“本文提出了一种基于声发射信号稀疏表示的板材拉伸过程自动识别方法”说明本文的工作，然后分条介绍论文的主要结论。(一般分为3条)

5.5.2　摘要撰写

摘要可视为论文的微缩版本。摘要应能简要概括论文各部分的内容：引言、材料与方法、结果、讨论。美国国家标准机构指出：“好的摘要能让读者迅速而准确地获知文章的基本内容，从而让读者知道自己是否会对该文章感兴趣，并进而决定是否有必要通读全文。”

摘要既不能超过欲投稿期刊限制的长度(通常是250个字),又要能清楚阐述论文中的主要信息。摘要一般是一段(有些医学期刊要求结构式摘要,这种摘要由几段组成,每一段都有一个标准化的小标题)。无论是直接阅读期刊,还是通过计算机检索获取,很多读者都会在通读论文全文前阅读摘要。

1) 摘要类型

摘要必须陈述论文所做研究工作的主要目的和范围,描述研究工作采用的方法,总结研究结果,给出研究工作得出的主要结论。论文所做的研究工作导出的结论非常重要,因此通常作者要在三处给出结论:第一次在摘要里;第二次在引言部分;第三次也是阐述得最全面的一次,则是在讨论部分。因为摘要中涉及的都是已做的科研工作,所以摘要中的大部分或全部内容都采用过去时态来写作。摘要中杜绝出现论文正文中没有的信息或结论。摘要中也不应该引用参考文献(特例除外,如当前论文改进已发表论文中的科研方法)。同样,摘要中也不应该出现表格和图片。

以上法则适用于发表在主流期刊和索引服务(如Chemical Abstracts等)中的摘要。这种类型的摘要通常称为报道性摘要,目的是对论文正文做出高度概括。报道性摘要需要做的就是指明问题,陈述研究这一问题采用的方法,给出主要的研究结果和结论。通常读者只要阅读摘要就能了解全文概况。在大多数期刊里,报道性摘要放置在论文正文之前。

另一种常用的摘要类型是指示性摘要,又称描述性摘要。这种摘要旨在给出论文中涉及的主要问题,因此这种摘要很像论文的目录,读者也就能很快确定自己是否有必要阅读论文全文。然而因为这种摘要过于简单,读者并不能在阅读摘要后对论文工作有清楚的认识,所以指示性摘要不应放在科研论文的正文前面。但这种摘要可以用于发表其他类型的文章,如评论性论文、会议报告、政府工作报告等。此外,这种摘要对文献管理人员非常有价值。

加拿大知名学者McGirr对摘要的不同类型和使用场合进行了深入分析:“在撰写摘要的时候,要注意摘要内容的独立性和自明性,人们应该能在看完摘要后就知道论文工作的概貌,因此摘要中不要引用文献、图片或表格等,摘要使用的语言应该方便读者理解。不要在摘要中使用让读者费解的简称或缩写。”

除非摘要里要重复一个很长的术语好几次,一般不要采用缩写。但是在论文正文里,可以在引言部分给出该术语的缩写,然后在论文余下部分使用缩写。

2) 摘要语言需简洁

很少会有科技人员忘记把论文中的重要信息写进摘要里,但是摘要写作中最常见的问题是在摘要中包含过多的细节信息。

目前,大多数科技期刊都要求每篇论文要在正文前有摘要,在投稿和发表时,摘要通常都只有一个段落。正因为摘要置于论文正文前,同时期刊编辑和审稿人希望在通读全文前先对论文有些了解,所以摘要一般都是论文审稿过程最先被读到的部分。因此,写出清楚简洁的摘要显得格外重要。如果论文摘要给人印象不佳,科研工作就有可能得不到认可。大多数情况下,由于时间有限,稿件评审者在看完摘要后就会对论文做出一个评定。尽管审稿人在看完摘要后做出的决定也只是一个初步的决定，但是审稿人的初步决定一般都是对的，因为好的论文才有好的摘要，而糟糕的摘要也就可能预示着糟糕的论文。

因为大多数的期刊都要求论文有摘要，也因为很多国内和国际会议都要求作者提交会议摘要（有时参与会议的资格就取决于提交的论文摘要的质量），所以撰写摘要时要做到字斟句酌。假设用100个字就能把事情讲清楚，就不要用200个字。不管是从用词的简洁性还是从表达的科学性角度来看，没有必要浪费字句。从事科技交流时不要滥用字句，更重要的是，如果摘要中每个字句都很有分量，这无疑会给编辑和审稿人留下深刻印象，对读者更是如此。如果在摘要中滥用字句，则可能会让编辑和审稿人多一个拒绝录用该投稿的理由。

例3

针对现有单孔腹腔镜柔性手术机器人刚度不足，负载能力较差及灵活度低等问题，提出了一种切口式连续体机器人机械臂构型设计方案。考虑柔性机器人工作刚度和灵活性难以同时提高这一瓶颈，结合分层理论（layerwise theory，LWT）及拉格朗日乘子法对模型构造及尺寸参数进行优化。基于Ⅰ型裂纹模型和应力强度分析，对绳驱机器人的牵引线位限方式进行优化。利用切口式机器人切口间隙和连续体最大可弯曲角度θ的关系图以及有限元分析，提出了切口间距优化策略。通过样机测试验证了各优化方案的可行性和有效性。实验证明，优化后的实验机械臂样机在0.5 N的弯曲反向负载下末端偏移误差在0.5 mm内；在柔性体弯曲角90°的范围内，末端负载0.5 N的偏移量均值为0.27 mm。实验表明提出的优化夹层切口式机器人具有较大的刚度和负载能力，在实际手术场景应用中，柔性体末端受拉或负载器械时仍能够满足所需的姿态要求。

首先介绍了存在的问题"现有单孔腹腔镜柔性手术机器人刚度不足，负载能力较差及灵活度低"；论文工作"提出了一种切口式连续体机器人机械臂构型设计方案"；论文创新性"考虑柔性机器人工作刚度和灵活性难以同时提高这一瓶颈，结合分层理论（layerwise theory，LWT）及拉格朗日乘子法对模型构造及尺寸参数进行优化"；然后介绍了怎么做的，最后介绍了实验结果"提出的优化夹层切口式机器人具有较大的刚度和负载能力，在实际手术场景应用中，柔性体末端受拉或负载器械时仍能够满足所需的姿态要求"。

例4

动力电池是电动汽车的核心部件，其容量的准确在线估计对于保证电动汽车的安全稳定运行至关重要。结合老化特征与数据驱动算法实现电池容量估计是当下的研究热点，然而，电动汽车充放电工况随机，导致难以稳定获取特定的老化特征。为此，提出一种基于随机充电数据的电池容量在线估计方法。首先通过分析不同老化电池的充电数据，提取随机充电片段的累计电量、累计能量、电量均值与方差作为老化特征。然后，基于皮尔逊相关系数和灰色关联度分析法评价所提取的特征与电池容量之间的相关性。最后，提出基于改进核极限学习机的电池容量在线估计方法。与其他数据驱动方法相比，所提出的方法估计精度更高，在任意电压窗口下的容量估计误差平均值为 1.38%，特别是在最优窗口下误差仅为 0.48%。对比结果表明，所构建的估计模型能够在不同采样频率下保持稳定，同时仅需要少量的新样本即可实现不同充电工况下电池容量的准确估计，所提出的方法泛化性能强，实用价值高。

课题背景"动力电池是电动汽车的核心部件，其容量的准确在线估计对于保证电动汽车的安全稳定运行至关重要"；目前研究存在的问题"电动汽车充放电工况随机，导致难以稳定获取特定的老化特征"；作者的工作"提出一种基于随机充电数据的电池容量在线估计方法"；然后逐条介绍怎么做，最后介绍结论"所构建的估计模型能够在不同采样频率下保持稳定，同时仅需要少量的新样本即可实现不同充电工况下电池容量的准确估计，所提出的方法泛化性能强，实用价值高"。

5.6 标题设计

论文的标题一般分为主标题、副标题、分标题。

（1）主标题。论文主标题是文章总体内容的体现。其要求是能恰如其分地概括文章内容，精炼、醒目。最常见的方式是展现文章的关键研究点，如主要观点、研究对象、研究内容、研究目的等。

（2）副标题。论文题目副标题的主要作用有两个：一是拟定的正标题范围太大，用副标题加以限制；二是主标题言而未尽，副标题起补充作用，两者相得益彰。

（3）分标题。设置分标题的主要目的是清晰地显示文章的层次，使文章脉络清晰、便于阅读。分标题的设置必须层级明确，切不可以下犯上，即下级标题与上级标题相似或范围更大。同时，分标题应是对总标题的一种层层解析，反映出作者的写作思路是否明晰，也使读者阅读时更易抓住纲目，领会主题。

5.6.1 主标题

学术论文的大标题又称"题目"或"文题"，是文章的核心组成部分之一。标题是一篇学术论文的点睛之笔，为这篇论文涉及的学术研究范围提供第一个重要信息，因此审稿人通常最先审阅论文的标题，并将该标题是否可以直观映射论文的研究内容作为重要的审稿评估标准之一。

同时，期刊网站和搜索引擎一般使用学术论文标题中的关键词将论文分类展示给读者，而读者也会将标题作为决定是否阅读全文的第一个重要参考点，因此标题也将直接影响一篇学术论文的阅读与引用次数。

1）格式要求

题名应以准确、简明的词语反映文章中最重要的特定内容。一般使用能充分反映论文主题内容的短语，不使用具有主、谓、宾结构的完整语句，一般不超过 20 字。题名应尽量避免使用非公知公认的缩略语、字符、代号等，也不应将原形词和缩略语同时列出。英文题名应与中文题名含义一致。题名转行应保持词语的完整。完整的词拆开转行，虚词(例如"的"字)应尽可能留在行末，而连接词(例如"和""与""及其"等)不宜留在行末。

2）论文拟题时应注意的问题

题目的面不宜过大过宽。研究一个问题的关键是能够深入其本质，抓住其中要害，突破一点，有独特的见解，找到问题的难点和症结所在。

例如，论文题目是《发酵过程中的管理》，这个题目面就太广了。因为发酵过程管理的内容很多，包括能量和物质的平衡、发酵的操作方式、培养条件对发酵的影响等。其中，每一项包括很多，一篇论文中不可能也无法包括这么多的内容。

再如《铁碳微电解法处理 TNT 废水》，题目就体现了新的研究内容。铁碳微电解法处理的工业废水有浆纱废水、染料废水、硝化废水、DDNP 废水等，该题目就明确体现了论文是研究"铁碳微电解法处理的工业废水"中的一个分支，而且解决了一个废水类型的处理方法。

题目应该准确无误地表达论文的中心内容。题目应使读者能理解该论文的主题思想、主要观点和主要结论。题目是对论文中重要内容的高度概括，避免使用含义笼统及一般化的词语。

一般来说，要想准确无误地体现论文的主要观点，题目离不开四大支撑骨架，即题目的四大要素：研究对象、研究目的、研究范围、研究方法。题目只有准确地反映出这四者及其之间的关系，才能凸显论文的研究内容和研究深度。

例如，题目《无啮合力齿轮泵结构优化设计》中体现了研究对象、目的，但是在阅读论文全文后，发现论文使用的方法是 ProE，因此论文题目若改成《基于 ProE 的无啮合力齿轮泵结构优化设计》，则更能体现论文的内容。

题目要新颖有创见。好的题目、有特点的题目最能抓住人，并让读者过目不忘、眼前一亮。那么，什么样的题目才是有特点的好题目呢？还是个"新"字。题目的用词上要能突出自己的新见解、新突破，突出所论述的内容是他人尚未研究过的，或虽有研究但有的结论不妥或者还有进一步探讨的余地。

例如，论文题目《骨炭除饮用水氟的机理》，论文中提到目前常用的除氟机理有生成难溶氟化物沉淀、离子交换或配位体交换、物理和化学吸附和络合沉淀等。该论文研究的"新颖"点是骨炭兼有离子交换作用和吸附作用，因此若把题目改成《骨炭的吸附——离子交换作用除应用水氟的机理》，就可以凸显论文的独创性。

3）常用拟题方法

(1) 关键词法。关键词最能直接反映论文的内容，如能恰当组合，往往就是论文的题目。

例如题目《矿业城市生态补偿模式与机制研究》，就是由论文关键词"矿业城市""生态补偿""机制"组成的。关键词为题目写作提供了素材和依据。拟题总的原则是，从论文里提炼关键词。

(2) 名词性词组法。名词性词组的功能相当于名词,论文题目常用名词性词组,从题目中可以了解论文内容的范围和研究对象,可以使读者了解论文的中心论点。

例如,《新型冠状病毒肺炎恢复期患者的中医康复策略》《民族地区旅游移民社会融合的实践路径》,这样的题目明确了论文内容的范围和研究对象,因而题目的内容具体、生动,用词确切、规范,读者一看题目就了解论文的研究内容。

(3) 立论式命题法。这种类型题目揭示了论文的中心论点,或是提出了对某个问题的解决办法,反映了作者的研究成果,从标题可知作者的基本观点和见解。换言之,论文的基本论点或研究成果可用一句简短的词组概括时,就可用这个词组做论文的题目。立论式命题法又可根据题目中所含“四大要素”的不同,分成以下几种方法:

① 方法命题。指利用研究的方法进行命题。如:

《电大尺寸物体电磁散射问题的 MoM-PO 混合方法研究》

《基于 MOOC 的大学英语翻转课堂教学模式研究》

② 结论命题。指依据实践、实验或研究的结论进行命题,要求在命题时应表述严谨、结论可靠。如:

《项目审计是规避信息化建设风险的有效方法》

《生活污水配入高炉煤气洗涤水的可行性研究》

③ 对象命题。指根据研究或论述的对象进行命题。如:

《临床信息系统是医院信息化建设的核心》

《“精细农业”发展与工程技术创新》

《区块链技术:架构及进展》

④ 观察研究命题。指以观察研究事件的方式方法进行命题,这种题目往往在题目中就能体现论文的方法或方式的创新点。如:

《对煤灰中三氧化硫测定的探讨与尝试》

《资产减值准则执行难点及其对策》

⑤ 相关法。这种方法往往体现了论述事物之间或事理之间的相互关系,这种相互关系可以是辩证的或递进的,也可以是选择的或并列的。也就是说,可以是局部与整体、原因与结果,也可以是其他相互影响、相辅相成的两部分。如:

《密度泛函方法与 Hartree-Fock 方法》

《客户资产减值与供应商企业投资》

5.6.2 副标题

1) 副标题设立条件

并不是所有论文都需要题目副标题,在写论文时一般只有在以下情况下才设立副标题:

(1) 题名语意未尽,用副题名补充说明报告论文中的特定内容。如:

《全域旅游:建设世界一流旅游目的地的理念创新——以北京为例》

《利益的层次结构与利益衡量的展开——兼评加藤一郎的利益衡量论》

《公司治理、财务状况与信息披露质量——来自深交所的经验证据》

《略论域名抢注与商标保护—以“恶意目的”之认定为视角》

(2) 主标题是虚题，副标题为实题，如有些作者以诗词作引。如：

《我以我血荐轩辕——浅论鲁迅五四前后十年间杂文》

《于无声处听惊雷—从〈平凡的世界〉中透析路遥的悲剧意识》

(3) 商榷性的论文。如：

《为语文的教育还是为教育的语文——与温儒敏教授商榷》

《也论〈周易〉经传的法哲学思想——兼与任国杰、关梅二同志商榷》

2) 副标题设立原则

(1) 副标题是对正标题加以补充、解释，因此如果正、副标题之间没有任何逻辑关系，副标题就失去了存在的价值。

(2) 副标题应该和文章内容保持一致。如果副标题不准确，会适得其反，误导读者。无论从编辑对文章的文字处理角度，还是从作者修改文章的角度，都应尽量减少用副标题夸大文章的研究内容、意义和作用的现象。

(3) 学术期刊一般对文章正标题的字数有所限制，而对副标题的字数没有明确限定，但是副标题应避免使用烦琐的形容词和不必要的虚词，也不应使用抽象、空洞或者生僻、生造的词，以免使读者不知所云。副标题的用词要为检索提供特定的实用信息。

(4) 副标题最好包括反映文章内容的关键词，这样也避免了副标题的空泛。

5.6.3 分标题

分标题的拟定，通常受制于大标题或上级标题，其范围不能大于或等于大标题或上级标题，也不可较多地重复上级标题字面内容。

如大标题为“沈阳市水资源承载力研究”，其“一级标题内容”分别为：

沈阳市水资源承载力的内涵

沈阳市水资源人口承载力分析与计算

沈阳市水资源经济承载力分析与计算

沈阳市水资源适度承载力分析

很明显“一级标题内容”重复大标题字面内容“沈阳市水资源”，显得累赘、不协调。此外，宜考虑删掉“的”“分析与计算”“分析”等字。若改为：承载力内涵、人口承载力、经济承载力、适度承载力，则形近(或形似)、简洁、清晰，且明显体现结构美感。

5.7 图表和可视化

图表是科研论文写作的常用表达形式，是展示研究成果最有效的方式。论文中的分析数据和结果是研究工作的核心内容。这些内容及其解释自然应以文字形式出现在论文中，但通常也应以图表的可视化形式直观地出现在论文的结果部分，使得读者更容易看懂，并认同这些观察现象和论文结论。如果作者在论文的结果部分使用图表的方式得当，则能起到良好的效果。反之，将对论文评审产生负面影响。

好的图表能够帮助读者快速找到作者描述的数据趋势，以及理解作者的预测和结论。不好的图表将使读者花费很多时间去琢磨或思考作者究竟想要表达什么，甚至怀疑作者宣称的结论是否有证据支持。因此，图表的表达方式非常重要。不同类型的数据需要以不同的恰当方式予以呈现。

需要注意的是，无论选择何种方式表述数据，都需要时刻与论文的主题和结论保持一致。很多期刊有投稿规定和限制，包括论文允许使用多少张图表、何种类型的数据需要使用何种图表来表达，以及产生图表的方法和格式等，例如分图数量上限、表格长度上限和具体层级。相对来说，展示表格比增加图形要容易。大多数表格都只需要列数据，常用的是三线表；而图形则需要一些设计，这样才能让论文的结果或者结论更加“炫酷”地展示出来。通常情况下，论文写作中的图形要遵循简明简约的原则。

5.7.1 表格的制作使用

1）何时使用表格

在如何使用表格之前，先来判断是否使用表格这个问题。这样的原因主要是：第一，把实验笔记上的所有数据都搬到论文中并不科学，因为论文中需要的仅是一些样本数据和关键数据；第二，印刷表格的成本远高于印刷文本的成本，而所有负责出版和发行科技文献的人员都必须考虑成本问题。

如果论文里只需要展示少量的实验数据，完全可以用文字形式来给出这些实验数据。在展示数据的时候，应该只给出有意义的数据。无意义的数据会让读者误以为作者不求精确，也使得读者很难比较各数据。不必要的数据，例如实验数字、简单计算的结果及不重要的数据列等，都应省略掉。展示数据的一条重要规则就是：要么在文字中，要么在表格中，或者在图片中展示数据，不要用多种方式同时展示相同的数据。当然，可以对一些重要数据再次在正文中加以讨论。

2）如何编排表格

决定使用表格时应明确：如何安排这些数据？由于表格同时具有左右和上下维度，因此有两个选择：数据可以水平或者垂直展示。然而，“可以”并不表示“应该”，事实上，在表格中应该使同类的数据放在同一列而不是同一行。

（1）表头中的指数形式。如果可能，要尽量避免在表头（table heading）中使用指数。因为有一些期刊采用正指数，而其他一些期刊采用负指数来描述同一个事物，这会引起混乱。例如，有些期刊使用“cpm x 10”表示每分钟千次计数，而有些期刊采用“cpm x 10－3”表示同样的千次计数。如果在表格（或图片）的标题中必须使用指数，最好在脚注（或图例）中用文字注明指数的含义，以避免表格或图片中数据的意义含糊不清。

(2) 遵守期刊的《作者须知》。期刊的《作者须知》一般都会有专门的部分说明论文中表格的要求。这些要求可能会指出允许的表格的维度，表格的脚注中可使用的符号或文字形式，准备表格时可用的文字处理工具等。通常，期刊都会要求作者在投稿正文文字后附上所有表格，并且每一表格单独占用一页。此外，有些期刊要求作者在首次提到每个表格的正文文字的页边空白处标注出提及的表格，如在页边空白处写上“Table 3”并标注起来。这种办法能保证作者确实在正文文字中按表格编号顺序引用了所有表格。这同时也方便排版人员确定把表格安插在正文的什么位置。如今，有些期刊要求作者投稿时就把表格安插在正文中首次提及该表格的文字附近。要知道投稿时是否该把表格安插在文字中，还是把表格放置在正文文字之后，应该查阅欲投稿期刊的《作者须知》。

(3) 表题、脚注和缩写。表题(图例)就好比论文题目一样，必须简洁，并且不宜分成两个或是多个从句、句子。表题中不要使用任何非必要性的词语。

表的脚注也值得仔细考虑，如果需要定义缩写，通常可以在第一个表格中给出所有或大部分的缩写定义。由于表格的空间限制，几乎所有的期刊都鼓励作者对特定词语在表格中使用缩写，在正文中则用全称。列表头的第一个词的缩写使用首字母大写，在缩写的字词后不使用句点(除非是“no”，因为不用句点可能会造成误解)。想要知道欲投稿期刊接受的表格中的缩写，可以参照欲投稿期刊上已发表的论文中的表格。还有些期刊会在《作者须知》上指出可不经定义而直接在表格中使用的缩写。

5.7.2　插图的使用

某些类型的数据，尤其是少量的数据或是单调重复的数据，是不需要使用表格或者图来展示的。此外，由于准备和印刷图的成本太高，因此只有真正需要的情况下才采用图来展示数据。

许多处于科研起步阶段的作者认为表格或者图在一定程度上会增加数据的重要性。因此，为增加可信度，这些作者倾向于将少量的数据转换成展示更直观的表格或图。一定要避免这么做。有经验的同行或者大多数的杂志编辑不会轻易被蒙蔽，因为他们很快就知道某个图所示 4 条曲线中的 3 条仅表示标准条件，而剩余的一条曲线用一两句话即可描述清楚。任何修饰科学数据的做法都注定要失败。

如果图中只有一条曲线，是否可以用文字来描述曲线表述的数据呢？曲线表述的系列数据中可能只有一个真正有意义的最大值或最小值，其余的数值只是装饰而已。

如果要做的选择不是在图和文字间取其一，而是要在图和表间取其一，就需要考虑希望告诉读者的是准确的数值还是数据的变化趋势或形状。同样的数据同时用表和图来表示的情况很少，表格展示的是准确的数值，而图展示的是数值的变化趋势(这种情形在物理现象中相当常见)。多数编辑坚持认为，同时用表和图来展示相同数据是明显的重复。然而，如果作者有充足的理由需要这样做，那么编辑也能接受。

5.7.3 符号和图例的使用

如果图内有空白地方，那么可以在空白地方标注符号的要点。在条形图中，要定义清楚条块比较困难；而在图上的空白地方对各条块进行标注，就可以免去额外的定义（还有排版、校对等成本）。

如果必须在图的图例中定义符号，应当选择那些已成为标准的或者对于多数排版系统可用的符号。标准的符号是空心与实心的圆形、三角形和方形。如果图中只有一条曲线，用空心圆形来表示参考点。如果有多条曲线，就用空心三角形来表示第二条曲线的参考点，用空心方形来表示第三条曲线的参考点，用实心圆形来表示第四条曲线的参考点，依此类推。如果需要更多的符号来标注不同的曲线，很有可能会在一个图中给出了太多的曲线，这时就应该考虑将该图一分为二。也可以使用不同类型的连线（实线、虚线）来区分不同的曲线，但是不要同时使用不同的连线和不同的符号来区分曲线。

图例一般是打印在分开的页面上，而不是在图的下方或上方。这主要原因是这两部分在印刷过程中是分开处理的。作者应该查阅欲投稿期刊的《作者须知》来确定关于图格式的各种问题。

5.8 中文期刊选择及投稿

5.8.1 了解期刊

1）EI 期刊

EI，即 Engineering Index，是美国工程信息公司出版的著名工程技术类综合性检索工具。被 EI 收录的期刊通常被认为是工程技术领域的高质量学术期刊。这些期刊发表的文章通常涵盖了工程技术的创新研究、设计、开发和应用等方面。机械类 EI 如《机器人》《机械工程学报》《自动化学报》《纺织学报》《力学学报》《振动与冲击》《振动工程学报》《振动测试与诊断》《中国机械工程》《宇航学报》《摩擦学学报》等。EI 期刊检索可以通过网址 https://www.engineeringvillage.com/search/quick.url 进行。

2）核心期刊

通常指以下几类：

（1）中文核心期刊（也称为北大核心）。北大核心是学术界用来定义某类期刊等级的划分标准。它主要适用于中文学术资讯网类期刊。北大核心是通过北京大学图书馆与权威专家共同鉴定确定的，国内许多大学图书馆根据期刊的引用率、转载率、文摘率等指标来确定核心期刊的等级。从影响力来看，北大核心在同类划分中具有较高的权威性，除了南大核心和中国科学引文数据库（CSCD），是学术影响力最有权威的划分之一。

（2）中文社会科学引文索引（CSSCI，也称为南大核心）。中文社会科学引文索引的英文全称是“Chinese Social Sciences Citation Index”，缩写为CSSCI。这是由南京大学中国社会科学研究评价中心开发研制的数据库，用于检索中文社会科学领域的论文收录和文献被引用情况。它是我国人文社会科学评价领域的标志性工程。需要注意的是，它主要针对中国的人文社会科学领域，而在自然科学领域也有类似的评价指标。

(3) 中国科学引文数据库(CSCD)。中国科学引文数据库(Chinese Science Citation Database, CSCD)成立于1989年，收录了我国数学、物理、化学、天文学、地学、生物学、农林科学、医药卫生、工程技术和环境科学等领域的中文和英文科技核心期刊以及优秀期刊。需要注意的是，每两年会重新评定期刊的分类。因此，在投稿之前务必要查证该期刊是否仍然是核心期刊。

除了以上三种，还有中国科学引文数据库来源期刊(CACD)、中国人文社会科学引文数据库(CHSSCD)、中国核心期刊目录RCCSE、《中国学术期刊综合引证报告》等核心期刊。

3) SCI、SSCI和AHCI

SCI、SSCI和AHCI，都是国际知名的文献检索数据库。SCI(Science Citation Index)是科学引文索引，主要涵盖自然科学领域的期刊；SSCI(Social Sciences Citation Index)是社会科学引文索引，主要涵盖社会科学领域的期刊；AHCI(Arts and Humanities Citation Index)是艺术与人文学科引文索引，主要涵盖艺术和人文学科的期刊。这些索引数据库可以帮助研究者查找和评估学术论文的影响力和引用情况。SCI期刊检索可以通过网址https://webofscience.clarivate.cn/wos/alldb/basic-search进行。

5.8.2　期刊选择

根据学科属性与所写的论文研究方向，确定好所投期刊的大致范围。打开知网，搜索期刊名字，进入期刊的介绍界面，选择“栏目浏览”，可以查询到近十年内期刊的栏目，建议选择近一年内的。期刊选择的具体步骤如下：

(1) 搜索关键词，看近年出现频率。通过知网，进入到期刊的介绍界面，在搜索栏输入即将写的文章的关键词，输入关键词，在检索结果中可以看到，近些年是一直有相关研究的论文发表在该期刊上，从而可以初步判断此期刊是接收这类题材的文章。

(2) 下载相关领域论文。关键词并不能确定将要撰写论文的研究范围是否适合该期刊。因此，除了关注关键词外，还需要下载一些与论文研究范围相近的文章进行浏览。例如，在交互设计领域，如果该期刊主要接收有关交互设计方法和设计研究的文章，而所要写论文的研究范围是交互设计的程序开发，很可能会被拒稿。通过这些步骤初步确定适合的期刊，建议不要只局限于一家期刊。若文章被拒绝后，可以快速寻找其他期刊进行投稿。

(3) 了解期刊写作要求与格式、投稿方式。提前了解期刊的要求和格式，可以避免麻烦。有时写了8 000字的文章，但期刊只要求5 000字，需要删除一部分内容。此外，图片、引用和文献参考的格式也需要注意，一些期刊只要求中文格式，而另一些则要求中英文格式。这些看似是小问题，但在初审时也可能会因此被退回修改。最简便的方法是下载期刊给出的模板，并将文章按模板调整格式。最后，要了解投稿方式，有些期刊要求在线投稿，有些要求通过邮箱投稿，还有一些需要邮寄纸质版。请仔细阅读期刊的投稿要求并按要求操作，可进入“期刊论文投稿”页面即可查看详情。

5.8.3 投稿方式

当下几种主要的投稿方式包括在线投稿、邮件投稿、会议投稿以及传统邮寄投稿。

(1) 在线投稿。为现代科技发展的产物，通过各种学术期刊的在线投稿平台，研究生可以方便地将自己的论文提交给相关期刊。在线投稿的好处是方便、快捷，并且能够及时获得稿件的状态和审稿意见。不过，需要注意的是，在线投稿需要遵守相关期刊的投稿规范和要求，包括文稿格式、字数限制等。

(2) 邮件投稿。为传统的投稿方式，研究生可以将自己的论文直接发送给相关期刊的编辑部。这种方式的好处是可以与编辑进行更直接的沟通，包括询问投稿状态、获得审稿结果等。然而，邮件投稿也存在一些弊端，例如可能会被错误地归类为垃圾邮件，或者由于邮件系统故障而导致发稿延迟等问题。

(3) 会议投稿。为一种常见的投稿方式，研究生可以选择将自己的论文提交到相关学术会议上进行发表。会议投稿的好处是能够与其他学者进行面对面的交流和讨论，扩大自己的学术影响力。此外，会议也通常会安排审稿人对论文进行评审和修改建议，帮助改进论文质量。不过，会议投稿也需要注意选择适合自己研究方向和水平的会议，并且需要及时提交论文，并遵守会议的投稿要求。

(4) 传统邮寄投稿。为一种相对较少使用的方式，研究生可以将自己的论文以纸质形式邮寄给相关期刊的编辑部。这种方式的好处是可以将论文原稿、数据等材料一并邮寄给编辑部，避免了在线投稿只能提交电子文件的限制。然而，由于传统邮寄投稿需要一定的时间和费用，以及可能存在丢失或损坏的风险，因此在现代科技发展的背景下，这种方式已经逐渐被取代。

5.8.4 投稿流程

提交稿件之前，要再次查阅欲投稿期刊的《作者须知》，以确信自己遵守了《作者须知》中的所有要求。如果期刊收到的投稿与《作者须知》上的要求有较大出入，那么极有可能在送审前将投稿退回给作者进行修改。

除非欲投稿期刊的《作者须知》(或欲投稿期刊建议作者参阅的格式指南)有特殊规定，投稿一般要遵守以下要求：

(1) 双倍行距。

(2) 页边距至少为 25 mm。文字左对齐。

论文的每一部分都在新的一页开始，术语称为“另面”。论文题目、作者署名及地址通常放在首页(作者应将这页标注为第 1 页)，论文摘要放在第 2 页，引言部分放在第 3 页，每个后续的部分(如材料与方法部分、结果部分等)都以新的一页开始。插图的文字说明集中放在单独的一页。一般情况下,表格、插图及插图的文字说明都是放在投稿的最后。近年来,一些期刊要求作者将这些内容安插在论文的正文部分。

文字处理软件中的拼写和语法检查功能可以提供一定帮助,但不能过分依赖这项功能。语法检查工具能提示可能的语法或格式错误,但是要复查以确认是否应该修改语法检查功能检查出的“错误”。一般情况下,拼写检查工具能对科技写作词汇和不常见的词汇进行拼写检查,现在也有特殊的拼写检查工具出售。拼写检查工具能检查出明显的拼写错误,但检查不出拼写正确但语义错误的单词。投稿前必须检查稿件,才能保证用词准确,并发现和改正错漏的字词。除了自己检查投稿,还可以请未阅读过该稿件的人来帮助检查,他们有可能发现作者自己无法察觉到的问题。

5.9 论文返修及答复

收到退改信的时候,完全不用沮丧。事实上,投稿不用任何修改就被期刊编辑录用的情况很少。大多的投稿作者收到的不是退改信就是退稿信。收到退改信后,应该仔细阅读退改信和审稿人意见(大多数情况下,退改信都是标准格式,重要的是审稿人意见。有时,退改信里会给出一些具体的指导,比如会就审稿人意见不一致的地方为作者提出修改意见)。此时,最重要的问题就是作者是否能够及是否愿意按照要求修改投稿。即使被退稿,一般期刊都会给出被退稿的理由,作者根据专家的意见定向修改论文,然后重投或者转投其他期刊。

如果投稿的两位审稿人都指出投稿中的同一问题,几乎可以肯定地说,确实有必要纠正这一问题。一位审稿人可能审稿时带偏见,但很少有两位审稿人同时都对某投稿有偏见。如果审稿人对投稿中的某些内容或观点有误解,普通读者也会对那些内容或观点有误解。这种情况下,应该仔细检查投稿中让审稿人都产生误解的部分,对这部分做修改后再寄给上次投稿的期刊或其他家期刊。如果要做的修改很少,则应该尽快修改。亚瑟王说过:“如果不用跨越深沟,根本就用不着骑高头大马。”

如果退改信指出要对论文做重大修改,应该静下心来,对投稿和审稿人意见进行慎重考虑。一般有以下几种可能的情形:

第一种情形,审稿人意见正确,该投稿的内容和观点确实有根本性的错误。在这种情况下,应根据审稿人意见来改写论文。

第二种情形,审稿人正确地指出了投稿中的一两个错误,但是不免有些评审意见欠妥当。这种情形下,修改投稿时应牢记两条原则:对合理的审稿意见,虚心接受并做相应修改;对无法接受的审稿意见,认真做出澄清和解释。最后一点,也是很重要的一点,在将修改后的论文重新投稿时,要记得附上投稿信,清楚注明自己是如何在修改稿中处理退改信中的审稿意见的。

第三种情形，一位审稿人或者两位审稿人连同编辑，对投稿的观点和内容有严重误解，并且作者坚信审稿人和编辑完全理解错误。这种情形下，有两种处理方案。第一种方案较为可行，即将论文投向另外一家期刊以得到更公正的评审。然而，如果一定要将这篇论文发表在上次投稿的那份期刊上，也不用退缩，应该将该论文继续投向这家期刊。但是采用这第二种处理方案时要讲求技巧：既要对审稿人的意见进行逐项申辩，又要在申辩时不带有敌对情绪。编辑也在努力对每份投稿都给出公正的审稿意见，而且编辑这么做可能是无酬的。一方面，如果再次投稿时，在投稿信一开始就指责编辑为上次审稿挑选的审稿人是多么的不够聪明，编辑绝对会立刻就把这次的投稿退回作者。另一方面，每位编辑都知道任何一位审稿人都有犯错的时候。因此，如果心平气和地向编辑清楚地解释为什么自己是对的，为什么审稿人理解有偏差（绝对不要说编辑错了），编辑很可能会录用这份投稿，或是至少会把投稿送给其他的审稿人去评审。

如果决定对论文做修改并再次投稿，要尽力在退改信中给出的截止日期前将修改稿寄回编辑部。大多数编辑要求在一定期限内将修改稿返回给编辑部。当然，很多作者在对论文做修改后将论文投到了别的期刊，这样的话，论文首次投稿的那家期刊编辑部就会在修改稿截止日期后删除该投稿的相关记录。

如果能赶在截止日期前将修改后的论文再投到上次投稿的那家期刊，编辑可能会立刻录用这篇根据审稿人意见做了修改的投稿。如果投稿的修改太大，编辑可能会将投稿再送交给上次评审这篇论文的审稿人。如果在修改稿中所做的修改符合退改信中审稿意见的要求，或者作者能够解释清楚为什么退改信中审稿意见不对，那么修改稿可能被录用。然而，如果在截止日期过后才把修改稿再寄回到上次投稿的那家期刊，编辑就会将这篇修改稿归类为新投稿，对这篇修改稿重新安排审稿，审稿人可能并不是上次那几位审稿人。这种情况既耽误时间又可能会收到新的审稿人的修改意见，因此应尽一切可能赶在截止日期前将修改稿返回给期刊编辑部。如果实在无法在截止日期前将修改稿寄回给期刊编辑部，应尽早向期刊编辑解释情况，编辑可能会酌情考虑将截止日期推迟。

论文返修的答复信一般要分三段式，第一段要表达对编辑及审稿人的感谢，感谢审稿人和编辑在百忙之后审稿；第二段根据意见逐条回复，然后将修改的部分在论文中用另一种颜色的字体标出方便审稿专家核对；第三段对审稿专家再次感谢，说明修改已经完全覆盖了审稿专家及编辑的要求，希望此次修改能够得到审稿专家的认同。样例如下：

尊敬的编辑及审稿人：

您好！感谢您对本人论文《[论文标题]》的审阅和提出的宝贵意见。经过认真阅读您的审稿意见，我深感您的评审非常专业和深入，对提升论文质量起到了重要作用。在此，我谨向您表示由衷的感谢。针对您提出的修改意见和建议，我已经逐一进行了认真考虑和修改。具体答复如下：

关于[审稿意见一]：

修改内容：[详细说明修改的内容或方法]

答复说明：根据您的建议，我对[相关部分]进行了修改，使论述更加清晰和准确。

关于[审稿意见二]：

修改内容：[具体描述所做的修改]

答复说明：我认真考虑了您的意见，并补充了[相关内容或数据]，以增强论文的说服力。

关于[审稿意见三]：

修改内容：[描述所做的调整或补充]

答复说明：根据您的建议，我重新检查了[相关部分]的文献引用和表述，确保论文的严谨性和准确性。

……

对于审稿人提出的每一个问题，我都进行了认真的思考和修改。同时，我也对论文进行了全面的检查，力求消除其他可能存在的问题。我相信，经过这次修改，论文的质量得到了进一步提升。

在此，我恳请您能够再次审阅我的修改稿，并给出您的宝贵意见。如果还有其他需要修改或补充的地方，我将尽快完成。

再次感谢您的辛勤工作和专业指导！

此致

敬礼！

[姓名]

[单位/学校]

[日期]

5.10　审稿人评判稿件的标准

审稿人评判稿件的标准是一个复杂而多维度的过程，涉及论文的内容、质量、创新性、实用性、伦理合规性等多个方面。接下来将详细阐述这些标准，以便更好地理解审稿人的工作和决策过程。

(1) 审稿人需要判断论文的主题和内容是否适合期刊的范围。每个期刊都有自己的定位和主题范围，审稿人需要确保提交的论文与期刊的宗旨与读者对象相匹配。这要求审稿人对期刊的定位和读者对象有深入的了解，以便能够准确判断论文的适用性。

(2) 论文的创新性是审稿人评判的重要标准之一。创新是推动学术进步的关键，因此审稿人会关注论文是否提出了新颖的观点、方法或解决方案。这些创新点应该是前所未有的，或者对现有领域有重要的补充和推进作用。审稿人会仔细审查论文的研究问题、假设、方法和结果，以评估其创新性和独特性。

(3) 除了创新性，论文的质量和价值也是审稿人评判的重要标准。审稿人会评估论文的学术质量，包括研究的科学性、严谨性和可靠性。他们会检查论文的实验设计、数据分析、结果解释等方面是否符合学术规范和研究伦理。同时，审稿人还会评估论文对相关学术领域或实践应用的贡献程度，看其是否能够推动该领域的发展或解决实际问题。

(4) 论文的实验结果或结论的充分性也是审稿人评判的标准之一。审稿人会仔细核查论文的实验数据、分析结果和结论，确保其充分、准确和可靠。他们会关注实验设计是否合理、样本量是否足够、数据分析方法是否恰当等，以确保实验结果的可靠性和有效性。如果实验结果或结论存在不足或缺陷，审稿人可能会要求作者进行进一步的实验或分析来完善论文。

(5) 论文的写作质量也是审稿人评判的重要方面。审稿人会评估论文的语言表达是否清晰、准确，逻辑结构是否严谨、连贯。他们会关注论文的段落组织、句子结构、词汇选择等方面，以确保论文易于理解和阅读。同时，审稿人还会检查论文的参考文献和引用是否准确、完整，并符合学术规范。这有助于确保论文的学术诚信和可追溯性。

(6) 论文的伦理和合规性也是审稿人评判的重要标准。审稿人会评估论文的研究过程是否符合伦理规范，例如是否涉及不适当的数据使用、人类/动物实验等问题。他们会关注研究是否获得了必要的伦理批准和知情同意，以确保研究过程的合法性和道德性。如果论文存在伦理或合规性问题，审稿人可能会要求作者进行修正或补充相关材料。

总之，审稿人评判稿件的标准是一个复杂而多维度的过程，涉及论文的多个方面。这些标准旨在确保论文的学术质量、原创性、实用性和合规性，以促进学术交流和知识积累。审稿人在评判过程中需要综合考虑这些标准，并做出客观、公正的评价和决策。

第 6 章 英文期刊论文的撰写

质胜文则野，文胜质则史。文质彬彬，然后君子。

——孔子《论语 · 雍也》

前面第 5 章介绍了中文期刊论文的撰写，但在研究生学业过程中有时候还会遇到英文期刊论文的撰写。英文期刊论文的撰写和中文期刊论文的撰写不大相同，对学生而言遇到的挑战更大。本章将介绍如何进行英文期刊论文的撰写，重点介绍论文各个部分的撰写，以及在投稿中可能遇到的一些问题。

6.1 英文期刊论文概述

英文期刊论文是研究生、博士及科研工作者发表在国内外英文期刊上的论文。这类论文相比中文期刊对于学生和老师的评奖评优大有裨益，很多高校将一区、二区论文作为老师的绩效考核指标。也有学生认为英文期刊论文质量高于中文期刊质量，其实不然。一篇论文无论是中文期刊还是英文期刊，只要为社会的科技进步有作用都是好论文。

6.2 论文的准备

如何准备一篇英文论文呢？在写一篇英文论文前，需要回答三个问题：为什么要开展这个研究（Why）？怎么开展这些研究（How）？开展这些研究的结果是什么（What）？

一篇英文期刊论文主要包含的架构有 Title, Abstract and Keywords, Introduction, Materials and Methods, Results, Discussion, Conclusion, References, Acknowledgements。直接写英文还是先写中文然后翻译呢？这个问题往往会困扰刚接触英文论文的"小白"，本书建议先写中文再翻译。那么，从哪个部分开始写起呢？具体建议如下：

(1) 结果部分。在准备英文论文前一定要大量阅读和积累文献，特别是近 3 年国内外是否发表过类似的论文，增进自己对课题的认识。对比自己的研究和所找文献研究的不同，然后开始写文章的结果部分，也就是 Results。

(2) 实验部分。根据前期的研究和 Results 开始整理自己的实验方法部分，实验中用到的仪器、试剂、传感器、实验参数、实验的步骤尽量写全。

(3) 前言部分。根据自己阅读的文献撰写前言，前言部分是让审稿人知道为什么开展这些研究(Why)，在这一部分要尽量引用全部文献。

(4) 讨论部分。讨论部分与前言部分应该是衔接的，涉及文献的背景知识和本论文的贡献。讨论在已有文献的知识下展开，阐述论文与以往发表论文的不同、对研究课题的贡献和作者的看法等。

(5) 结论和摘要。结论部分根据自己的实验结果和自己的创新点总结文章的结论。摘要部分也可以和摘要部分一起写。

(6) 文章的标题。根据自己的研究给论文起一个合适的 Title 也是十分重要的。

6.3 Title Design

6.3.1 标题的特点

Title 是文章中最重要的一句话，Title 要能简要地表达出文章的内容。一个好的标题具有以下特点：

(1) 好的标题应该简洁且准确，能够清晰地传达论文的主题和主要内容。

(2) 避免使用冗长或复杂的词汇，尽量使标题简洁明了，避免使用冗长或复杂的词汇和句子结构。标题应该易于理解和记忆，以提高读者的兴趣和参与度，让读者能够快速理解标题的含义。

(3) 标题应该突出论文的创新点、主要发现或研究的重要性。这样能够吸引读者的注意力，让他们对论文产生兴趣并愿意继续阅读。可以使用强调词、副标题等形式来突出亮点。

(4) 好的标题应该结构清晰，逻辑严谨。可以使用适当的介词、连词等来连接关键词，形成一个完整的句子，使标题更加连贯和易于理解。

(5) 在标题中使用专业术语时，应该确保这些术语的准确性，避免引起歧义或误解。同时，也要注意使用英文的专业术语，而不是直译中文术语。

(6) 标题中应包含关键词，以便于学术搜索引擎和图书馆的检索。这有助于提高论文的可见性和引用率。

查阅相关的 SCI 论文，了解同行论文的标题特点和风格，以帮助自己更好地设计标题。可以借鉴优秀的标题范例，从中汲取灵感。在拟定初稿后，仔细审查和修改标题，确保其准确、简洁、突出亮点和创新点。可以请同行或导师提供意见和建议，以进一步完善标题的表达和风格。

例如一区 Top 期刊 *IEEE Transactions on Robotics* 里面的几个 Title：

(1) *VINS-Mono: A Robust and Versatile Monocular Visual-Inertial State Estimator*

(2) *ORB-SLAM: A Versatile and Accurate Monocular SLAM System*

(3) *ABENICS: Active Ball Joint Mechanism With Three-DoF Based on Spherical Gear Meshings*

(4) *FAST-LIO2: Fast Direct LiDAR-Inertial Odometry*

(5) *LSTP: Long Short-Term Motion Planning for Legged and Legged-Wheeled Systems*

可以发现这样的 Title 是"总分"结构，本书作者发现近几年很多优秀的文章喜欢采用这种表达方式，这种表达方式适用于创新性很强的论文，其作者提出了一种新的算法或结构，能够独成一派，这样其他学者可能以论文的简称去称呼这个算法，比如"YOLO""AlexNet"。

例："*VINS-Mono: A Robust and Versatile Monocular Visual-Inertial State Estimator*"中文翻译为"VINS-Mono：一种鲁棒通用单目视觉惯性状态估计器"。标题的研究对象是"状态估计器"，用的场景是"单目视觉"，特点是"鲁棒通用"。

此外，也有一些论文的题目采用概述的形式，如：

(1) *Finite element analysis study of parameters influencing the Poisson's ratio of auxetic woven fabrics*

(2) *Research on textile-vamp punching based on punching point gradient phase and edge significance*

(3) *Motion Planning for Autonomous Driving with Real Traffic Data Validation*

(4) *Optimization of Fixture Number in Large Thin-Walled Parts Assembly Based on IPSO*

大部分作者采用这种表达方式，这种表达方式需要与文章的内容相符合，不能用太宽泛的描述，这样具体的形式才能更加明确和信息性强。可多参考本领域其他作者标题取名的特点。

6.3.2 应注意的事项

有一些期刊要求题目中的实词大写。一般冠词(a, an, the)、介词(of, on, in)、连接词(and, but, if)等小写，除非是作为第一个词。

在题目之后一般是作者的单位，中文名字采用汉语拼音，一般都是名字在前姓在后，比如"李华"应写为"Hua Li"，"李小华"应写为"Xiaohua Li"。个别期刊可能对三个字的名字要求不一样，参见每个期刊的要求或者已经刊登出来的论文作者名字是何种格式。

此外，大部分期刊在提交的时候会提交一个"Title Page"文档，这个文档主要是为了论文的同行评议使用。一般是以单独的一个文档上传，因为在同行评议过程中要隐去作者及单位。常见

的“Title page”,需要包含论文的题目、作者顺序、作者单位、地址、邮编、通信作者信息。例如:

Study on the Micro-vibration Suppression of a MnCu Spring Isolation Platform with Low Stiffness and High Damping

Xianbo Yin[1], Yang Xu[1], Xiaowei Sheng[1], Song Wan[2], Yixin Wang[1]*

1. College of Mechanical Engineering, ... University, No. 2999, ... Road, ... District, Shanghai 201..., China.

2. Innovation Academy for Microsatellites, Chinese Academy of Sciences, Shanghai ..., China.

Corresponding author: *Xu Yang*

Institution and address: *College of Mechanical Engineering, ... University, No...., ... Road, ...District, Shanghai 201..., China.*

E-mail: *...*

Funding:

The authors disclosed receipt of the following financial support for the research, authorship, and/or publication of the article: This work was supported by ... (grant number:...)

6.4 Materials and Methods

6.4.1 撰写要素

Materials and Methods 是文章中的实验和方法部分,在撰写 SCI 英文论文的 Materials and Methods 部分时,应避免冗长和重复描述。尽可能精简语言,突出重点,使读者能够快速理解实验方法。在准备论文的时候 Materials and Methods 是首先要撰写的,其主要介绍如何开展论文的研究。在描述实验方法时,应提供足够的细节,包括实验材料、实验设备、实验步骤、实验时间等。这有助于保证实验的可重复性,并为其他研究者提供足够的信息。如果是算法和方法设计,需要尽量详细地介绍算法的流程,以及其中的一些参数,比如设计的一些人工智能网络,需要在 Methods 部分绘制模型的结构,以及一些超参数的设计。有些论文不一定用 Methods 或者 Materials 作为这一节的题目,不过内容也是 Materials and Methods。

在描述实验方法时,应尽可能准确和客观。避免使用主观性的语言,如“我认为”“我觉得”等。同时,对于实验中使用的任何材料和设备,都应准确描述其规格、型号、品牌等信息。如果实验方法是基于他人的研究或技术,应适当引用和参考相关文献。这不仅是对前人研究的尊重,也是保证实验可重复性的必要步骤。

在描述实验方法时,应突出自己研究的新颖性和创新性。这可以通过比较前人的研究、说明实验的局限性等方式来实现。为了更直观地展示实验方法和结果,可以使用图表和表格。这不仅可以使文章更加生动有趣，而且可以为读者提供更直观的信息。

6.4.2 具体实例

在撰写 SCI 英文论文的 Materials and Methods 部分时，应注意与结果和讨论部分相呼应。方法的描述应与结果部分相符合，为讨论部分提供足够的信息和支持。在描述实验方法时，应提供足够的细节，包括实验材料、实验设备、实验步骤、实验时间等。这有助于保证实验的可重复性，为其他研究者提供足够的信息。

例

Methodology

As shown in Fig. 1 and Table 1, this study made the following improvements to the original model for the characteristics of color-patterned fabric defects: 1. Coordinate Attention(CA) was introduced in the 9th layer of the backbone; 2. BiFPN_Concat with weighted feature fusion replaced the original Concat (without weighted feature fusion) in layers 13, 17, 20 and 23 of the neck.

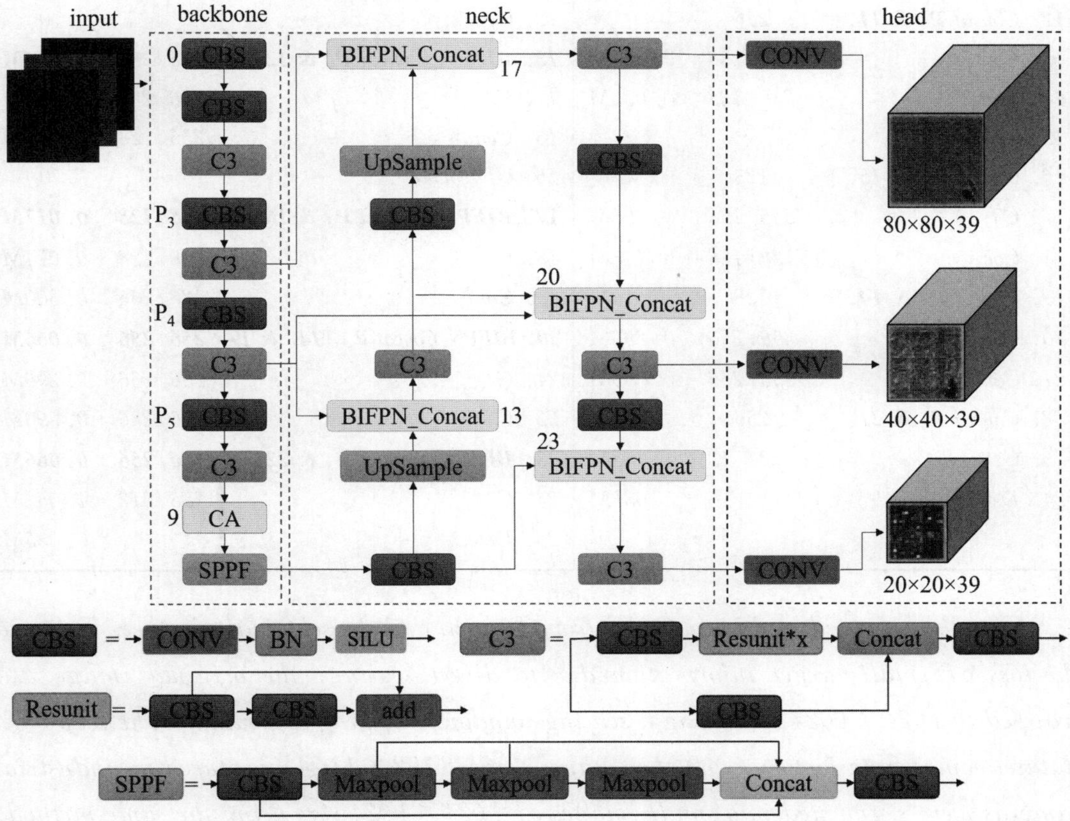

Fig. 1 Improved model's network structure. P_3, P_4, and P_5 are the output feature maps after 1/8, 1/16, and 1/32 downsampling of the original image, respectively.

Table 1 Comparison of model structure before and after improvement

Original model structure			Improved model structure		
Layers in model	In/out-put channels	Param.	Layers in model	In/out-put channels	Param.
0. Conv	3/32	0.004M	0. Conv	3/32	0.004M
1. Conv	32/64	0.019M	1. Conv	32/64	0.019M
2. C3	64/64	0.019M	2. C3	64/64	0.019M
3. **P_3**->Conv (1/8)	64/128	0.074M	3. **P_3**->Conv (1/8)	64/128	0.074M
4. C3×2	128/128	0.116M	4. C3×2	128/128	0.116M
5. **P_4**->Conv (1/16)	128/256	0.295M	5. **P_4**->Conv (1/16)	128/256	0.295M
6. C3×3	256/256	0.625M	6. C3×3	256/256	0.625M
7. **P_5**->Conv (1/32)	256/512	1.181M	7. **P_5**->Conv (1/32)	256/512	1.181M
8. C3	512/512	1.18M	8. C3	512/512	1.183M
9. SPPF	512/512	0.657M	**9. CA**	**512/512**	**0.025M**
10. Conv	512/256	0.132M	10. SPPF	512/512	0.657M
11. Upsample		0	11. Conv	512/256	0.132M
12. Concat **P_4 & 11.**	256	0	12. Upsample		0
13. C3	512/256	0.362M	**13. BIFPN_Concat P_4 & 12.**	**256/256**	**0.066M**
14. Conv	256/128	0.033M	14. C3	256/256	0.296M
15. Upsample		0	15. Conv	256/128	0.033M
16. Concat **P_3 & 15.**	128	0	16. Upsample		0
17. C3	256/128	0.091M	**17. BIFPN_Concat P_3 & 16.**	**128/128**	**0.017M**
18. Conv	128/128	0.148M	18. C3	128/128	0.074M
19. Concat **P_4 & 14.**	128	0	19. Conv	128/256	0.300M
20. C3	256/256	0.296M	**20. BIFPN_Concat P_4, 14. & 19.**	**256/256**	**0.066M**
21. Conv	256/256	0.590M	21. C3	256/256	0.296M
22. Concat **P_5 & 21.**	256	0	22. Conv	256/256	0.590M
23. C3	512/512	1.183M	**23. BIFPN_Concat P_5 & 22.**	**256/256**	**0.066M**
24. Detect		0.035M	24. C3	256/512	1.052M
			25. Detect		0.035M

The datasets used in this study are from Tianchi and the self-built dataset. To avoid the loss of small target information due to direct scaling, the original image was cropped to 1 024×1 024 size using a sliding window cropping algorithm. The self-built dataset comes from factory, and the images (size: 8 192×1 024) captured by industrial cameras were segmented into small images of 1 024×1 024 size using the same method. Combined with the actual needs of the factory, the color-patterned fabric defects collected in this study were divided into eight classes: seams, seam printing, stains, insect sticky, wrinkles, holes, weaving defects, and wax spots. At the same time, considering the small amount of data collected in the industrial field, the data on weaving defects and wax spots were expanded separately to ensure the sample balance. The examples of data augmentation are shown in Fig. 2. Finally, the dataset was expanded to 3565 and divided into a training set, a val set, and a test set in the ratio of 7 : 2 : 1. The sample size of valid labels for the target in the training set is 3233. The sample size of valid labels for the target in the val set is 920. The sample size of valid labels for the target in the test set is 460.

(a) weaving defects (b) Rotation scaling (c) Translation (d) Horizontal flip (e) Vertical flip

Fig. 2 The examples of data augmentation

Experimental environment

The experimental environment is as follows: the experimental platform is Intel(R) Core(TM) i5-10400F CPU @2.90 GHz; the GPU is NVIDIA GeForce GTX1660; the system type is 64-bit Windows 10 operating system. Network parameter settings: set the Batch_Size to 16; images are scaled from 1 024 × 1 024 to 640 × 640 before training; parameters are initialized using the weight parameters of YOLOv5s in the COCO dataset; the optimization algorithm is Adam's algorithm; the initialized learning rate is 0.001, and the learning rate is updated using the cosine annealing algorithm; a total of 600 epochs are trained. Mosaic data augmentation[24] is used for sample input in the training phase.

The original anchor boxes in YOLOv5s are obtained by clustering the COCO dataset with the k-means algorithm. The aspect ratio and size of the targets in the color-patterned fabric defects dataset differ significantly from those in the COCO dataset, so new anchor boxes must be re-clustered. In this study, 9 anchor boxes were obtained by clustering the dataset with 1 000 rounds using the k-means algorithm based on Genetic Algorithm(GA), and 3 anchor boxes were assigned for each feature map size. Compared with the initial anchor boxes of YOLOv5s, the recall of the anchor boxes obtained by clustering reached 99.23% on the color-patterned fabric defect dataset.

Evaluation metrics

This study evaluates the detection models in three dimensions: detection accuracy, model scale, and detection speed. The evaluation metrics for detection accuracy include precision, recall, F1, and mAP, which can be formulated as follows

$$precision=\frac{T_P}{T_P+F_P}$$

$$recall=\frac{T_P}{T_P+F_N}$$

$$F1=\frac{2\times(precision\times recall)}{(precision+recall)}$$

where T_P *indicates that positive samples are correctly identified as positive,* F_P *indicates that negative samples are incorrectly identified as positive, and* F_N *indicates that positive samples are incorrectly identified as negative. The mAP measures the overall effectiveness of the model for different classes of target detection. Its calculation is as follows*

$$mAP=\frac{1}{classes}\sum_{i=1}^{classes}\int_0^1 p(r)\mathrm{d}r$$

where classes denotes the total number of classes in the detection task.

The evaluation metrics of the model scale include the number of parameters (Params), the number of floating point operations (FLOPs), and the model size. The detection speed of the model is evaluated by the FPS, which denotes the number of frames per second that the model processes on the same hardware.

在 Materials and Methods 部分，本例通过图和表的形式介绍了其设计的算法模型，以及模型的超参设计，还有模型训练用到的一些硬件设备型号。

6.5 Results and Discussion

根据实验可以得到一些结论以及对结论开展一些分析和讨论。这一部分通常也是较早撰写的。一般 Results 分为若干小段落，在写 Results 之前首先需要将主要的结果和数据整理成表格(Table)和图片(Figure)。这些 Table 和 Figure 是 Results 段落的核心，一个好的实验结果是论文能够发表的核心，也能够体现实验和算法的创新性。

Results 段落是客观讲述实验结果，一般不进行讨论和解释，写作时应注意需要用过去时描述，但某些结果如计算等应用现在时态。表格和图片不宜过多，表格和图片后需要增加一些对表格和图片的分析。

表格和图片要按照顺序去标号，不同的期刊对标号有不同的要求。有时候一个图片内包含若干分图片，另一种表达方式是在分图中标出(a)、(b)、(c)，然后在图的下方写一个总的名称并按照顺序写图片(a)、(b)、(c)的名称。对于图表的说明需要单独写，对图进行解释和说明，可以放在图片前也可以放在图后。例如下图：

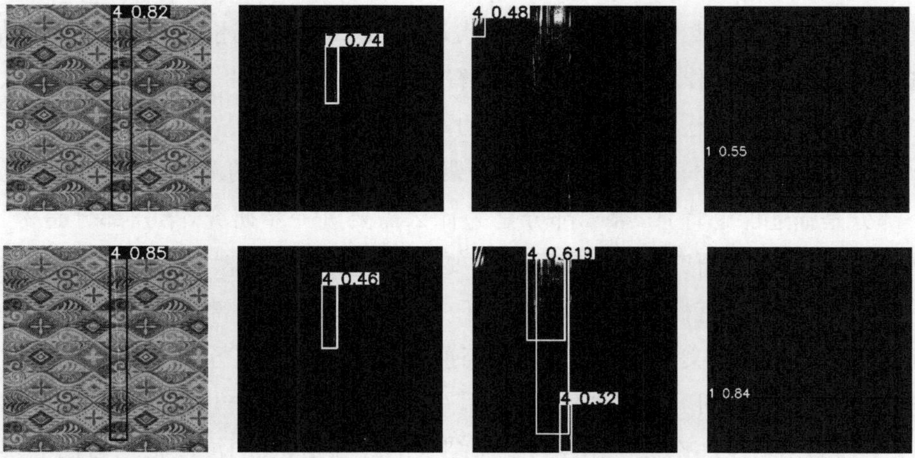

(*a*) *wrinkles*　(*b*) *wrinkles*　(*c*) *wrinkles*　(*d*) *seam printing*

Fig. 3　The comparison of test results (Original model on the top; Improved model on the bottom). Each serial number in the figure represents the type of defect. 0: seams; 1: seam printing; 4: wrinkles; 7: wax spots.

Results 部分需要使用清楚、简洁、准确的字词。避免使用含糊的字词，如 situation、above、modulate、this、the former、the later、performance 等，要使用很明确的字词，如 increase、decrease、inhibit、stimulate、activate、this result。每个人写作和每个期刊的要求可能不太一样，总体而言这一部分是为了阐述和解释实验结果，对实验结果进行分析解释和讨论。

6.6 Introduction

6.6.1 常见写作模式

Introduction 部分对论文的领域做简要介绍，要包含研究的背景，研究的现状，以及作者在解决论文的 topic 中开展了哪些工作的总结。Introduction 这一部分最难写，需要花费更多的时间去总结梳理。

目前在自己论文的这个领域是什么情况？研究这个课题的意义有哪些？目前研究这个课题的问题在哪里？他人针对这些问题开展了哪些研究？与他人的研究有哪些不同？研究的创新点在哪里？

Introduction 很像一个文献综述，需要宽泛的文献阅读知识积累，并且每个阐述都要有文献来源。在 Introduction 中，可以参考其他作者如何介绍研究背景。在这里可能要引出一些关键词。比如论文题目是“Chatter stability analysis of a six-axis milling robot”，在第一段就要介绍“Chatter”然后介绍课题的背景知识。在描述研究本课题的重要性时，通常用一两句话描述即可，“研究本课题能够为解决某某难题提供指导，或者是具有重要的意义”。

Introduction 的写法最常见的是两种格式，一种格式是先描述某个领域内的进展，再转到存在的问题，然后阐述作者如何去研究和解决这个问题的。另一种格式是直接从描述的课题的意义下手，然后阐述作者如何去研究的。

Introduction 部分的写作可以采用“先搭架构后添加材料”的新模式。架构由三部分组成，第一部分是描述课题背景，第二部分是为什么需要进一步研究，第三部分是做了什么，国内外学者开展了哪些研究。这一部分一定要充分阅读参考文献，尽量放一些近 5 年的国内外典型的研究或者具有标志性的研究，对于中文期刊来说这一部分可能只需要放 3～4 个参考文献即可，但英文论文要尽可能地多写，通常会写 7～8 个甚至更多的国内外学者对于此项研究的现状。这些研究有哪些问题，然后写你做了什么工作，去解决这些问题，此外还要介绍三个你的创新点。论文写作先写实验结果的好处是，我们可以根据自己的实验结果去组织引言，这样可以前后呼应。

在撰写 Introduction 的时候对于首先出现的专有名词需要写全称，即使在摘要中简写了，在正文部分也要全称。如 tool wear condition monitoring（TWCM），后面就可以用 TWCM 代替“tool wear condition monitoring”。

6.6.2 具体实例

例 1

题目：In-situ fault diagnosis for the harmonic reducer of industrial robots via multi-scale mixed convolutional neural networks

Recent reports by the International Federation of Robotics describe yearly increases of 15% and 25% in sales of service and industrial robots respectively. Fault diagnosis (hereinafter FD) of industrial robots is becoming an increasingly vital issue to address, especially for the harmonic reducer, a core transmission component closely connected with other components in robot joints. The deterioration of the joint reducers, such as wear, component defects and eccentricity could result in excessive vibration affecting the joint stabilization of industrial robots and endangering the safety of the robot itself or its surroundings. In actual industrial sites, the harmonic reducers of industrial robots are mainly diagnosed by workshop technical experts using vibration analysis instruments. The decision is objective and often inaccurate due to the complex structures which include multi rigid and flexible components

论文的题目是基于多尺度混合卷积神经网络的工业机器人谐波减速器现场故障诊断。在第一段就要介绍工业机器人谐波减速器故障诊断的背景，包括介绍了根据 IFR 的报道工业机器人增长迅速，工业机器人的故障诊断非常重要；谐波减速器在其中扮演的角色，磨损缺陷偏心会引起振动过大影响机器人的稳定性。然后又介绍了目前工业现场工业机器人谐波减速器故障诊断结果不准确。

Some FD methods for components of industrial robots have been developed in the experimental environment and show accurate performance. The model-based FD methods usually use the mechanical wear theory and robot dynamics to establish the mechanism model. Ahmad H. Sabry et al. proposed a hybrid method based on power consumption rate and joint encoders to diagnose electrical and mechanical faults in an experimental ABB-IRB-1200 robot. Muradore designed a fault detection and isolation method based on industrial robot model and signal processing, which was evaluated on an experimental PUMA 560 simulator. However, these model-based diagnosis methods depend on a priori knowledge and many physical assumptions (such as parameters of joints and linear hypothesis), which are hardly applied to the in-situ diagnosis of the harmonic reducer due to the nonlinear interaction and coupling of various subsystems in practical engineering

这一部分介绍了目前针对工业机器人谐波减速器在实验环境的故障诊断开展了哪些研究。还介绍了 Muradore 等人在该领域的研究，但是这些研究很难应用于谐波减速器的现场诊断。

The FD methods based on feature engineering are a concern by many scholars. Yang et al. applied compressed sensing (CS) and convolutional neural networks based on acoustic emission (AE) signals for diagnosis of RV reducers. However, AE signal acquisition requires a very high sampling frequency and generates a large amount of redundant data, which is not suitable for massive in-situ diagnosis. Ali Rohan et al. presented a holistic feature selection and feature extraction approach to diagnose the RV reducer for a component-level. But these features are mainly applicable to the reducers on the experimental rig not to entire robots. Unai Izagirre et al. presented a methodology for industrial robot health assessment using torque sensors. The data is acquired in a non-intrusive way, which is an in-situ detection method. However, the determination of the threshold of fault characteristics requires expert experience and lots of practical experiments. The FD methods based on feature engineering have a high diagnosis speed, but still cannot avoid to blindness and subjectivity of manual feature extraction. The validity and threshold of features generally need a priori expert knowledge and a lot of experiments. Establishing a generic and accurate model or fault feature for the harmonic reducer of every joint is very difficult, and may require very professional knowledge and costly experimental corrections.

这一段介绍了基于特征工程的故障诊断方法，在段落的最后总结基于特征工程的方法具有较高的诊断速度，但人工提取特征存在主观性，特征阈值需要大量的实验，在谐波减速器的应用上需要大量的实验修正。

On the other hand, deep learning (DL) model, a special data-driven approach with an inherent adaptive design, can adaptively extract features from raw data and eliminate the need for a complex fault model establishment or hand-crafted feature extraction. Considering the industrial robots usually operate repeatedly under a predictable working environment, it is possible to establish an offline trained DL model, especially for the harmonic reducers. Designing a diagnosis method under a special trajectory can avoid the cross-domain diagnosis requirements under different working conditions using complex transfer learning models or domain adaptation technologies. On such occasion, the DL-based approach becomes an ideal tool to be used in-situ fault diagnosis. Currently, most DL-based fault diagnosis studies mainly focus on disassembling machinery parts on the ideal experimental rig and few studies consider developing exclusive DL-based method for the requirements of in-situ diagnosis. Lerui Chen et al. proposed a new method based on the nonlinear output frequency response functions (NOFRFs) and deep convolution neural networks (CNN) for RV reducer fault diagnosis. Zhuo et al. proposed a fault detection method using long short-term memory and convolution neural networks (LSTM-CNN) for the harmonic reducer of industrial robots. Nevertheless, in these studies, the harmonic reducer was tested on the test rig as a disassembled component, not in-situ diagnosis. Jianyu Long et al. proposed a hybrid sparse auto-encoder (SAE) and support vector machine (SVM) diagnosis approach for industrial robots. This method uses the attitude data of industrial robots as inputs and achieves 96.74% accuracy, which is an indirect diagnosis DL-based method. Zhou et al. proposed an economical data acquisition strategy and a multi-channel one-dimensional convolutional neural network, which are applied to the in-situ diagnosis for the harmonic reducer of industrial robots. Guo et al. proposed a multi-scale convolutional neural networks model (MSCNN) for the harmonic reducer of industrial robots. The harmonic reducers were installed on the fifth joint of an industrial robot, which is an improved CNN model specially for the in-situ detection. And the necessity of in-situ detection for industrial robots was proposed and analyzed, and the effectiveness of the MSCNN model was verified by experiments.

这一段介绍了另一种故障诊断方法(深度学习模型),引出该论文要采用的方法,介绍深度学习模型的优势,以及目前应用深度学习模型在部件故障诊断方面一些学者的研究。

Obviously, there are some limitations in the diagnostic methods developed in the experimental environment. In fact, the data from the experimental test rig is quite different from the industrial in-situ data. First, the signals from the test rig contain little industrial noise interference, and most of the signals are usually one-dimensional data and only contain the information of one diagnostic object with a single channel (such as a rolling bearing or a gear). It is easier for DL algorithm and even feature engineering method to extract features. For in-situ diagnosis of industrial robots, it is not advisable to disassemble multiple harmonic reducers from each robot joint and test in batch on the experimental rig, which might lack real-time performance and bring high robot disassembly cost. Second, in-situ diagnosis (non-disassembled) usually requires indirect data collection. Due to the interaction and coupling of various subsystems, the fault features are not as obvious as the data collected from the ideal experimental environment and are regarded as weak fault features, especially in case of insufficient activation at low speed with noise interference from other individuals. Besides, the harmonic reducer is usually tested as an intact system with highly nonlinear and contains multiple intrinsic oscillatory. The complex oscillations under multi-mode results in multi-scale impacts on the joints of industrial robots with different natural frequency. This multi-scale characteristic in the frequency domain further aggravates the complexity of the signals. These differences in actual engineering scenarios lead to poor performance of some DL models developed based on isolated parts, even if these models are retrained using industrial robot datasets. Therefore, more comprehensive investigation and experiments are needed for these problems.

According to the above analysis, the main challenges of in-situ fault diagnosis for the harmonic reducer of industrial robots are further summarized as follows:

(1) In-situ multi-joint diagnosis without disassembly: The in-situ diagnosis method is expected to diagnose the harmonic reducers in multiple joints. A generic physical model or artificial feature extraction based on prior knowledge is hardly established because the types of harmonic reducers in various joints are usually different.

(2) More complexity of industrial signals: The signal from the industrial sites contains more noise interference, and the fault features are not as obvious as the data collected from the ideal test rig due to special multi-scale characteristics of the harmonic reducer.

这一部分分析了在实验环境和工业现场实现谐波减速器的故障诊断的区别,总结了工业机器人谐波减速器原位故障诊断的主要挑战。

First, considering challenge (1), joint vibration signals of industrial robots are collected by external sensors and concatenated as the multi-channel matrix input. Then standardized preprocess with a preliminary noise filtering effect is adopted. To avoid complex hybrid modeling and exert the advantages of the DL approach, an end-to-end improved CNN model is designed. Considering the multi-scale characteristic of harmonic reducers, the multi-scale mixed convolutional neural networks (MSMCNN) are designed to adapt exclusively to the in-situ fault diagnosis requirements. The main tricks are that comprehensive and complementary multi-scale features are extracted by parallel multi-branch attention and mixed convolution modules based on one-dimensional convolution with matrix kernels (1D CM), which can effectively reduce the noise interference and are more suitable for weak fault feature extraction of the harmonic reducer to address the challenge (2). In addition, to further verify the effectiveness of the proposed method, the comparative experiments between in-situ diagnosis and disassembling diagnosis on different datasets are performed and analyzed by testing some DL models including classical DL models, advanced CNN models, and other kinds of multi-scale structure models. In summary, the contributions of this paper are the following:

(1) An in-situ fault diagnosis method via MSMCNN is proposed for harmonic reducers of industrial robots. This method is an end-to-end diagnosis method without artificial feature extraction and complex modeling, which can diagnose the harmonic reducers in multiple robot joints by adaptively feature extraction using vibration signals of robot joints to avoid robot disassembly. The effectiveness of the proposed method is verified on the actual industrial signals.

(2) The multi-scale mixed convolutional neural networks (MSMCNN) are designed especially considering the signal characteristics of harmonic reducers. Through multi-scale feature extraction and dilated convolution with matrix kernels, this DL model can more effectively extract comprehensive and complementary weak fault features and reduce noise interference of industrial signals.

(3) The selection principle of multi-scale dilated parameters for the MSMCNN-based method is proposed and discussed for engineering reference. An integrated experiment is designed for assessing and analyzing the effectiveness of the special multi-scale feature extraction trick.

为了解决谐波减速器原位故障诊断的两个问题，即数据不能体现完整的谐波减速器状态、现有特征提取算法需要人工提取特征，该论文作者提出了如何实现故障诊断。针对问题 1,作者采用多维传感数据,采集多个关节的谐波减速器信号,采用噪声滤波标准化预处理方法。针对问题 2,作者设计了多尺度混合卷积神经网络(MSMCNN),专门适应原位故障诊断需求。这一部分作者总结了三个创新点。

The remainder of this paper is organized as follows: Section 2 introduces details of the proposed diagnosis method. In Section 3, the experimental results and comprehensive analysis are presented. Finally, Section 4 concludes this paper and suggests topics for future research.

这一部分介绍了该论文的章节安排。有一些作者不加这一部分,可以根据自己的需要以及期刊的要求或者目标期刊其他论文是否有这一部分来选择是否增加。总体来看,该论文 Introduction 中,作者对于谐波减速器故障诊断有充分的了解,介绍了目前故障诊断的一些典型的算法,以及特征提取法、神经网络等算法,以及目前原位检测和实验环境监测的区别和难点,从而引出自己的研究内容和创新点。

例 2

题目:Cross-domain tool wear condition monitoring via residual attention hybrid adaptation network

论文题目为通过剩余注意力混合适应网络进行跨域刀具磨损状态监测。在第一段需要介绍刀具磨损状态监测背景。

Cutting tools are inevitably worn out during machining processes. As shown in Fig. 1, the wear process of a cutting tool throughout its lifecycle is generally divided into an initial wear phase, a normal wear phase, and a severe wear phase. In the initial phase, a cutting tool experiences fast wear due to a small contact area and high contact pressure between the tool and its machining component. As the contact area increases, the tool wear becomes stable and enters the normal wear phase. In the final severe wear phase, the tool wear increases sharply, and the cutting tool loses its proper working capability and must be replaced to avoid machining losses. The severe wear phase should be avoided during cutting tool utilization as it deteriorates the finished products' dimensional precision and surface roughness. In addition, statistics show that unplanned downtime caused by tool wear has accounted for approximately 20% of the total machine downtime, and about 20% to 50% of tool lives have been wasted due to the early replacement of tools before reaching the severe wear stage. Therefore, tool wear condition monitoring

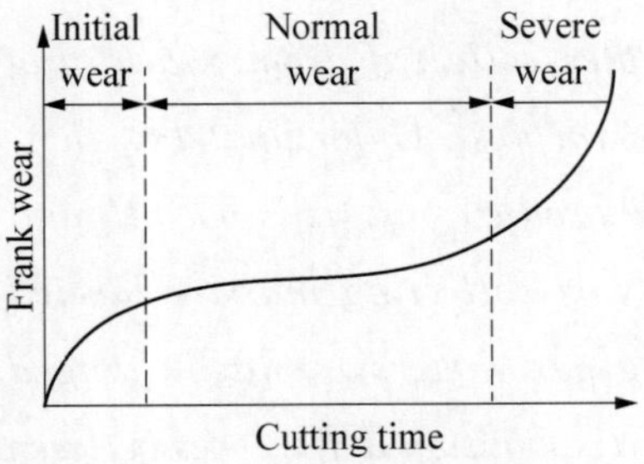

Fig. 1　Phases of tool wear conditions.

(TWCM) is a significant function in manufacturing management systems to optimize product quality, improve machining efficiency, and minimize production costs.

可以发现第一段作者就引出了论文的关键词“刀具磨损状态监测”，介绍了目前刀具磨损状态监测的背景，作者用一句话说明刀具监测是制造管理系统中的一项重要功能，可优化产品质量、提高加工效率最大限度降低生产成本。

For TWCM, there are direct and indirect approaches. The former uses microscopes to measure tool wear conditions to support TWCM. Its advantage is high accuracy, but the efficiency is relatively low as the measurement usually needs to be taken offline. The latter, which is also called a data-driven approach, leverages artificial intelligent algorithms to mine tool wear features from tool wear monitoring signals (such as cutting vibration, force, etc.). It shows various merits, such as online monitoring, high efficiency, and good applicability to complex industrial scenarios. Its performance, however, highly relies on the quantification and quality of collected monitoring signals, and the capability of artificial intelligent algorithms in processing the signals. Consequently, it is crucial to establish a high-performance intelligent model that maps the nonlinear relationship between collected monitoring signals and tool wear phases to achieve accurate and effective TWCM.

这一段介绍了刀具磨损的检测方法即直接方法和间接方法之间的区别。目前作者采用间接方法遇到的难点是需要建立智能模型去映射监测信号和刀具磨损之间的非线性映射关系。

In recent years, data-driven TWCM approaches have been developed based on state-of-the-art deep learning (DL) algorithms. DL algorithms, which exhibit strong capabilities in learning mapping functions between monitoring signals and corresponding tool wear phases, support the establishment of well-performed TWCM approaches. However, their deployment in practice is greatly dependent on two pivotal preconditions: 1) abundant labeled wear samples can be acquired to train the DL algorithms as accurately as possible, and 2) test samples collected from machining processes follow a similar data distribution as training samples. Unfortunately, these prerequisites are not easily met in industries. In practical productions, it is not allowed to use severely worn cutting tools, leading to the difficulty of collecting massive labeled samples with tool wear information. Moreover, machining parameters are often changed due to different production tasks, resulting in significant distribution differences between collected data. As a result, when training samples are insufficient and monitoring signals are collected from different machining parameters (test and training samples have different data distributions), the performance of DL-based TWCM approaches would be significantly downgraded.

这一段介绍了利用深度学习做刀具磨损故障诊断的优势以及目前存在的磨损样本不足以训练深度学习的算法，需要收集大量磨损的样本，另外收集的数据之间存在显著分布差异，导致基于深度学习算法进行刀具磨损的方法性能下降问题。

To tackle the above issues, deep transfer learning (DTL) has been developed to expand the practical applicability of the data-driven TWCM approaches. The major merit of DTL is that it can leverage features mined from finitely labeled samples that are acquired from certain operating conditions (source domain) to resolve a related task in new unlabeled samples collected from other operating conditions (target domain). Among those DTL-based approaches, domain adaptation can effectively learn domain-invariant features (extracted from samples in a source domain but still suitable for recognizing tasks based on samples in a target domain) using discrepancy metric-based or adversarial learning-based strategies. The discrepancy metric-based strategy embeds a distance measure function, such as maximum mean discrepancy (MMD), into DL to reduce data distribution shifts of training and test samples collected from different operating conditions. The adversarial learning-based strategy aims to align data distributions of monitoring data in the source and target domains. It generally uses a gradient reversal layer (GRL) of a domain discriminator loss to form an adversarial learning mechanism between a domain discriminator and a feature extractor.

In practice, the MMD-based metric strategy only considers the overall distribution distance reduction of all monitoring data collected from different operating conditions. However, it ignores the local distribution distance shift of monitoring data for each category in different domains (e.g., each category represents a tool wear condition phase). In addition, the GRL-based adversarial strategy emphasizes the global distribution alignment of all monitoring signals under different operating conditions without considering the relationship between each tool wear phase in the two domains. An illustration of cross-domain TWCM using global domain adaptation is illustrated in Fig.2(a), where the blue and red ellipses represent data distributions in the source and target domains, respectively. After using the global domain adaptation strategy, the overall distribution of the source and target domains tends to be close. However, many samples of each tool wear phase in different domains are misaligned. For example, samples from the severe wear phase are misclassified to the normal wear phase, resulting in classification errors among different tool wear phases. Therefore, global domain adaptation ignores fine-grained discriminative information and misclassifies some adjacent samples of categories in the different domains. It limits the effective practice of TWCM approaches under different machining processes.

为了解决目前样本量少的问题，一些研究采用迁移学习（DTL）提高刀具磨损监测模型的适用性。

The RAHAN model includes a shared feature extractor, a condition recognizer, and a domain obfuscator. The effectiveness and superiority of the model are demonstrated on six migration tasks conducted in one laboratory and two factory machining platforms. The primary contributions and innovations of this research are as follows:

(1) By fusing the channel attention mechanism and deep residual modules, a residual attention network (Res Att Net) is constructed as the shared feature extractor to mine features from vibration signals used to monitor tool wear conditions;

(2) The subdomain adaptation based on the weight discrepancy metric of local maximum mean discrepancy (LMMD) is integrated into the condition recognizer, which reduces the local data distribution shifts between each tool wear phase in the source and target domains;

(3) A separate adversarial learning (SAL) is established in the domain obfuscator to align the overall data distributions between the two domains. Based on SAL and subdomain adaptation, a hybrid adaptation is developed to promote learning domain-invariant features.

The remainder of this article is organized as follows. Related works are reviewed in Section 2. Section 3 briefly introduces the theoretical background. In Section 4, the proposed methodology is elaborated in detail. Section 5 describes experimental platforms, data preparation, and migration tasks. The comparative results and future works are explained and discussed comprehensively in Section 6. The study is concluded in Section 7.

作者通过集成改进的特征学习网络和混合域自适应，提出了残差注意力混合自适应网络模型实现不同加工工艺的跨域刀具磨损监测。还总结了三个创新点，并介绍了论文的结构。

这里可以发现作者对于国内外学者关于利用深度学习的算法做刀具磨损监测的现状比较少，通过翻阅论文可以发现作者在下一节介绍了一些学者利用深度学习的网络做故障诊断的研究，但是有效的特征学习网络与有效的域适应策略相结合的智能刀具磨损监测研究仍然很少。

例3

题目:A deep learning based sensor fusion method to diagnose tightening errors

论文题目是基于深度学习的传感器融合方法来诊断拧紧错误,论文的关键词是拧紧错误,第一段就会介绍拧紧错误的背景。

Safety critical assembly tasks such as tightening the wheel suspension of a motor vehicle or the rotor blades of a wind turbine are sophisticated processes that normally require controlling and monitoring the torque and/or angle dynamically and continuously. Consequently, modern assembly lines commonly include modern electric tightening tools with built-in torque transducers and rotary encoders to record torque and angle traces in a digital format. Following the completion of a tightening operation, a tightening tool reports a tightening result as either OK or Not OK (NOK) based on its transducer readings. Fig. 1 illustrates conceptual examples of torque and angle traces for both OK and NOK tightenings. The torque/angle is OK if the final torque/angle is between the predefined min and max values. Strictly speaking, the bolted joint is correctly tightened only if both torque and angle are OK, i. e., the trace's final torque and angle are in the target window, as is shown in Fig. 1.

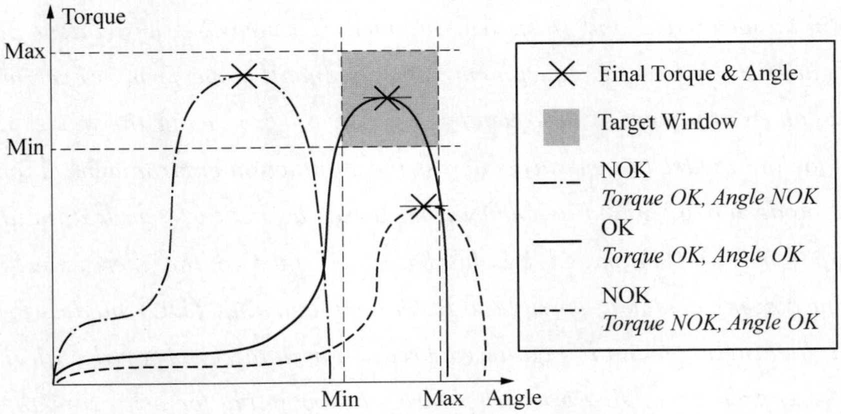

Fig. 1 Distinguish traces for OK and NOK tightenings by different line types.

Although the fundamental approach depicted in Fig. 1 provides a solution to evaluate the torque and angle traces, it is challenging for this approach to infer the various root causes behind NOK tightenings. There are various potential causes that can lead to NOK tightening results, e.g., stick-slip, socket slip, etc. The correct diagnosis of the root causes of NOK tightening can provide guidelines for the tightening parameters' adjustment and improve the future tightening quality. Traditionally, diagnosing NOK tightening requires human experts to manually analyze sensor data.

Consequently, a model that automatically detects and diagnoses NOK tightenings delivers a more effective solution for the quality-checking processes. Specifically, as depicted in Fig. 2, such a model should take inputs from transducers, perform multi-label classification, and then predict the root causes of NOK tightenings. Ideally, the requirements of the resulting model include: (1) Highly accurate. (2) Flexibility to deploy the model on the cloud as well as on devices such as the tightening tools in our industrial use case. (3) Possibility to trade off between machine learning (ML) metrics (e. g., accuracy, subset accuracy, and F1) and operational (OP) metrics (e. g., inference latency). The definitions of ML and OP metrics mentioned above will be introduced in Section 5.

在第一段作者首先介绍了装配过程中拧紧的背景，第二段介绍了拧紧错误的原因以及如果实现拧紧自动检测所需要模型的要求。

For modeling and detecting tightening failures caused by e. g., stick-slip, there are already model-based approaches. These approaches build upon and enhance the understanding of the underlying tightening theory. However, the model-based approaches intrinsically require modeling latent parameters such as the friction coefficient in an empirical and statistical manner. To measure these latent parameters, one must utilize dedicated equipment and manually perform experiments in a specialized lab environment. Consequently, the cost of producing the model is high and the ability for the model to generalize across the production environment is low.

In the modern digitalized assembly line, a vast amount of sensor data are collected on the shop-floor and managed by databases. Thanks to the increasingly available computation power, it is now possible to train deep learning (DL) models to detect and diagnose tightening errors on the gathered production data. Compared with the previous model-based approaches, DL approaches have the potential for achieving the following advantages: (1) Only a single DL model is required to detect and diagnose multiple tightening errors. (2) DL models are more adaptive to real production environments since the training data is acquired directly from the shop-floor. (3) The cost to produce DL models is relatively low, as the extra expense incurred for manually labeling training data is smaller than the large investment in terms of time and hardware costs for building the lab and conducting experiments.

The success of DL relies on representation learning. During the representation learning, features from the raw data are extracted and encoded into feature embeddings, which serve as hidden representations for the given classification targets. Convolutional neural network (CNN), as a popular and fast-evolving representation learning technique, has been successfully and widely adopted for image classification tasks in the computer vision (CV) community. Specifically, Alex Net was the first CNN trained on ImageNet, and it innovatively employs the max-pooling layer and ReLu activation function. VGG introduces the standardized VGG block that can scale the network deeper. Inception networks leverage 1 × 1 convolution layers to reduce computational demands, and it proves that not only deeper but also wider networks can improve prediction accuracies. To address the vanishing gradient issue, Res Net invents the residual block, which combines batch normalization together with the skip connection. Res Next demonstrates that not only wider and deeper networks but also increasing cardinalities can boost network performance. Mobile Nets introduce depth-wise convolution and inverted residual block concepts with Squeeze-Excitation layers to explore channel-wise attentions. Inspired by Mobile Nets, stochastic depth, and neural architecture search methods introduced in Mnasnet, Efficient Net identifies an optimal architecture and provides a recipe to compound scaling the input resolution, depth, and width of the model.

In the manufacturing domain, CNN has already been adopted to e. g., diagnose laser welding processes, inspect defect bottles, monitor operation and perform fault diagnosis. Unlike two-dimensional (2D) image data, transducers other than image sensors in the manufacturing industry normally produces one-dimensional (1D) data. These approaches require either applying image sensors to capture 2D image data or converting 1D data to 2D before applying CNN.

CNN extracts features from signals by exploring the signal's local correlations, directly applying the one-dimensional convolutional neural network (1DCNN) to analyze 1D transducer data should be feasible in the manufacturing industry. In addition, by eliminating the need for converting 1D sensor data to 2D, the 1DCNN approaches are deemed more efficient. For example, by utilizing a single sensor, 1DCNN has been used to detect faults in rotating machines and bearings, and monitor the process of laser powder bed fusion. Meanwhile, multi-sensor 1DCNN approaches are adopted for bearings and surface inspection.

However, compared with the widely accepted and well-performing CNN reference architectures in the CV community, the existing adopted 1DCNN architectures in the manufacturing industry are small, and the architecture choices are not clearly motivated. Adopting larger and more complex 1DCNN architectures might lead to potential performance gain; therefore, this study motivates state-of-the-art CNN architectures' choice from the CV community to 1D sensor data analytic tasks. Besides, existing approaches adopt either data-level or feature-level fusion in either time or frequency domains. Our novel approach can achieve data-level and/or feature-level sensor fusion in both time and frequency domains. In addition, our approach not only provides an innovative solution that systematically defines the search space between SFSs and 1DCNN architectures but also supplies a novel heuristic evaluation method that identifies the most suitable solution depending on the requirements of individual use cases.

这一部分介绍了国内外的一些研究现状，为了建模和检测由黏滑引起的紧固故障目前已有模型的缺点。引出目前通过训练深度学习模型去检测拧紧错误的模型有三个优点。但准确率依赖于表征学习，作者因此引入 1DCNN 来实现拧紧故障检测。

This paper presents a novel methodology that builds deep learning-based multi-label classification solutions for diagnosing tightening errors. The proposed novel methodology comprises three contributions, i. e., the Labrador method, the MoBo framework, and a heuristic evaluation method.

这里作者提出了论文的三个创新点：拉布拉多方法、MoBo 框架和启发式评估方法。

This paper introduces Labrador in Section 2. Labrador is a novel deep learning-based sensor fusion method that analyzes 1D transducer data and performs multi-label classification tasks. By defining different SFSs, Labrador can achieve data-level and/or feature-level sensor fusion in both time and frequency domains. Biologically, Labrador belongs to a dog breed called retriever. The proposed DL architecture is named Labrador because it enables the feature retrieving and aggregation from transducers (e. g., torque transducer and rotary encoder) data. The retrieved and aggregated feature embeddings are then fed into the classifier to predict the probability distribution of the classification targets.

This paper also introduces MoBo in Section 3. MoBo is a novel configurable and modular framework that supports Labrador in identifying optimal feature encoders. Specifically, MoBo supplies a finite set of parameterized 1DCNN building blocks as basic "Lego bricks". These building blocks originate from successful CNN reference architectures in the CV community with customization to process 1D data.

With Labrador and MoBo, one can systematically explore and define a bounded search space for various SFSs and possible encoder architectures. In order to identify the optimal solution within the defined search space, Section 4 introduces a novel heuristic evaluation method. It evaluates the trade-off between ML metrics (e. g., accuracy, subset accuracy, and F1) and OP metrics (e. g., inference latency), which in turn identifies the most suitable solution depending on the requirements of individual use cases.

Section 5 presents experimental evaluations of applying Labrador, MoBo, and the proposed heuristic evaluation method to identify the most suitable multi-label classification solution for diagnosing tightening errors.

Section 6 presents the conclusion and discusses future work.

这一部分介绍了论文的结构及各章节的安排。

6.7 Conclusion

Conclusion 是论文的总结部分，需要把论文的主要结果简洁地叙述一遍，写作要求与摘要类似，但要避免与摘要使用重复的句子，这一部分主要体现得到的一些结论。

Conclusion 需要简要概述研究的主要发现和结果，突出研究的创新点和亮点。说明研究结果对学科领域的贡献和意义，包括理论和实践两个方面。有时需要明确指出研究的局限性和不足之处，以便读者可以更好地评估研究的可靠性和应用价值。基于研究结果和局限性，提出未来可能的研究方向和潜在的改进空间，为后续研究提供参考和启示。Conclusion 部分的语言要准确、精练，避免过多的描述和冗长的句子，以便让读者快速了解研究结论。在 Conclusion 部分再次提及研究背景和目的，与引言部分相呼应，使论文结构更加完整。

总之，撰写 SCI 论文的 Conclusion 部分需要认真总结研究成果，指出研究的局限性和未来方向，同时注意语言的准确性和精练性。

例 1

For the monitoring of tool wear in machining process, this research proposes a physics-informed hidden Markov model (PI-HMM), which innovatively solves the problem tool wear monitoring under varied machining conditions. The following conclusions can be drawn:

(1) The proposed PI-HMM is built on the physics of tool wear process as the basis for dividing wear states, solving the impact of uneven distribution of wear rates on the definition of wear states, and improving the accuracy of hidden Markov model classification and regression. The recognition rate and accuracy of the model proposed in this paper on the classification and regression of wear status are 0. 995 and 0. 968, respectively.

(2) The training strategy based on physics and data fusion fully explores the wear states information and working condition information in the observed signals, improving the accuracy and generalization of the model's prediction under varied machining conditions.

(3) The proposed model can simultaneously address classification and regression problems under multiple working conditions. Through comparative experiments with various classical approaches, the generalizability and robustness of the PI-HMM method have been validated. In the cross-validation experiment, the classification accuracy and prediction accuracy of the model reached above 0.968 and 0.916.

In the subsequent research, the tool wear regression approach would be further explored for intelligent tool wear compensation, and applied for the process control and optimization.

可以发现该作者在总结部分先提出了自己的创新点,得到三点结论分别对应论文的实验结果,并且提出了未来的研究方向,探索刀具磨损回归方法用于智能刀具磨损补偿,并应用于过程控制和优化。

例 2

Aiming at developing DL models to diagnose tightening errors in the assembly industry, we presented a novel methodology with three key contributions. The first contribution is Labrador. According to the defined sensor fusion strategy, Labrador retrieves features from 1D transducers' data in both time and frequency domains and the retrieved feature embeddings are then provided as the input to the classifier to accomplish the target classification tasks. The second contribution is MoBo, which provides configurable 1DCNN building blocks to identify suitable feature encoders for Labrador. The third contribution is a heuristic evaluation method that can trade-off between ML metrics and OP metrics, thus identifying the most suitable combination between sensor fusion strategies and feature encoders according to the requirements of individual use cases.

Despite the encouraging results, there are a few unresolved challenges. Firstly, today, many successful state-of-the-art CNN architectures are based on Inverted Residual block; however, compared with Bottle Neck and Res Next blocks, Inverted Residual does not deliver top results in our experiments. This could suggest that the properties of Res Next and Bottle Neck are more suitable for 1D transducer data analysis. However, it might also be that the existing MCs search space defined by Table 3 favors Res Next and Bottle Neck more. For future work, we shall combine hyperparameter and neural architecture search methods with the newly introduced scoring mechanism to search for optimal solutions in a larger MCs search space with consideration of the computational budget.

在 Conclusion 部分总结了论文的贡献,指出了目前存在的问题和挑战。

例 3

An in-situ fault diagnosis method via the MSMCNN model is proposed and mainly used to exclusively diagnose the harmonic reducer of industrial robots on manufacturing lines, rather than the disassembling diagnosis for the mechanical parts on the test bench. The proposed in-situ diagnosis of industrial robots in the factory inspection trajectories can avoid the cross-domain diagnosis requirements under different working conditions using complex transfer learning models or the domain adaptation technology. The structure design of the model specially considers the multi-scale characteristics of the harmonic reducer and the industrial noise, which can extract more comprehensive and complementary weak fault features. For example, 1D CM is designed to extract the correlation information of multi-channel signals from industrial robots. The MBA module is designed to improve frequency resolution with higher adaptive receptive field and provide adaptive feature enhancement. The multi-scale mixed modules design principle for the types of the dilated rate and times of scales branches are proposed and explored for providing reference at different diagnostic stages. These special structural design motivations are based on the signal processing theory and are different from general DL model from image processing. Networks Visualization is used to investigate the inner mechanism of the proposed MSMCNN-based model, which intuitively proves that the model and principle we proposed are reasonable and effective.

More comprehensive investigation and experiments are performed on the robot harmonic reducer datasets and disassembling rolling bearings dataset to verify the superiority of the proposed method and show the difference between in-situ robot diagnosis and disassembling diagnosis. The accuracies of MSMCNN methods achieved more than 90% on the four industrial robot datasets. The MSM(1-2-3) for the current industrial robots has the highest comprehensive accuracy rate, averaging 97.08%. The experimental results and analysis show that the proposed method is superior not only to the classical DL frameworks and advanced single-scale model frameworks, but also to some state-of-the-art multi-scale model frameworks for in-situ diagnosis of robot harmonic reducers. In addition, the comparison experimental results between the CWRU dataset and the harmonic reducer datasets show that the complex fault feature extraction for in-situ diagnosis of robot harmonic reducers is more challenging than the disassembly diagnosis of simple parts. Some popular DL models can easily achieve high accuracies on isolated components, while diagnostic performance for the in-situ signals of industrial robots is poor, even if the offline data of robots are used for model retrain. In conclusion, MSMCNN-based methods are potential for engineering applications with excellent performance, which is specially used for in-situ fault diagnosis of industrial robots.

Classification of more fault types for harmonic reducers and other robot components will be the topic of our future work to establish a more comprehensive engineering dataset specially for in-situ diagnosis of industrial production lines. Besides, we will further study the characteristics of harmonic reducers and other components to develop more exclusive DL models.

该作者在结论部分简要说明了自己利用多尺度卷积神经网络在四个工业机器人数据集上的准确率，对比了自己的算法和目前经典的深度学习框架之间的区别。最后指出谐波减速器故障诊断和分类是未来的研究主题。

6.8 Abstract and Keywords

Abstract 要单独占一页，虽然 Abstract 在论文的最前面，但一般都是最后撰写的，在论文的引言、实验、结果以及结论写好之后，Abstract 就比较容易写了。Abstract 是论文的简本，浓缩了论文最重要的部分。审稿人和未来的学者通过摘要就可以了解作者针对某一课题开展了哪些研究，有哪些成果。因此，摘要需要包含论文的背景、要解决的问题，实验设计、关键结果和结论。一般期刊对摘要都有严格的要求。

Keywords 一般是选出 5 个与文章最相关的词，用于检索，一般紧跟摘要出现。

常见的 Abstract 格式为一段式、结构式、图标式：

(1) 一段式。指用一个段落把背景、问题、实验方法、结论和总结论述清楚，一般生物、机械、数学、物理、社会科学都采用这个方式。

(2) 结构式。按照期刊要求撰写，有一些期刊要求作者的摘要按照 Purpose、Design、Methods、Results、Conclusions 撰写，作者分段撰写该部分。

(3) 图标式。这种结构比较少见，主要用于化学期刊，要求把反应方程、化学结构或材料结构图像等列入摘要，有了图片之后文字就很简短。

英文摘要最常见的问题就是英语语法错误，对摘要的写作内容把握不好。期刊编辑和审稿人一般先阅读摘要，当发现摘要的语句不通、有很多病句、表述不清楚时，一般可能会直接考虑退稿。一个语句通顺表达清晰的摘要会给审稿人留下一个较好的印象分。有时论文写得很好，但摘要写得不清楚也很容易被拒稿。这一部分需要花时间去仔细“雕琢”。摘要里面如果是第一次出现某些专有名词的简写要写全称，在正文里面第一次出现也要写全称。

例 1

Machine learning (ML) has shown to be an effective alternative to physical models for quality prediction and process optimization of metal additive manufacturing (AM). (第一句作者就引出背景，目前深度学习可用于金属增材制造的质量预测和流程优化)

However, the inherent "black box" nature of ML techniques such as those represented by artificial neural networks has often presented a challenge to interpret ML outcomes in the framework of the complex thermodynamics that govern AM. While the practical benefits of ML provide an adequate justification, its utility as a reliable modeling tool is ultimately reliant on assured consistency with physical principles and model transparency. (这里介绍目前机器学习在金属增材制造中遇到了哪些问题) *To facilitate the fundamental needs, physics-informed machine learning (PIML) has emerged as a hybrid machine learning paradigm that imbues ML models with physical domain knowledge such as thermomechanical laws and constraints. The distinguishing feature of PIML is the synergistic integration of data-driven methods that reflect system dynamics in real-time with the governing physics underlying AM.* (为了满足基于物理的机器学习要求,提出了一种混合机器学习范式) *In this paper, the current state-of-the-art in metal AM is reviewed and opportunities for a paradigm shift to PIML are discussed, thereby identifying relevant future research directions.* (提出了本文的主要研究内容,讨论了未来的研究方向。这是一个综述类的摘要,因此在摘要中没有提出自己的研究内容和方法)

例 2

Tool wear monitoring (TWM) is an important part of modern intelligent machining. An efficient and accurate monitoring system will effectively improve machining accuracy and reduce processing costs. (前两句作者就介绍了目前刀具监测是智能加工的重要组成部分,是整个课题的研究背景和意义) *At present, the methods for TWM can generally be divided into three categories: physics-based models, data-driven models, and hybrid models.* (介绍目前刀具监测的方法有哪些) *These current approaches are suffered from either low prediction accuracy, insufficient model training, or poor result interpretability due to the nature of the model construction approaches.* (介绍这些刀具磨损方法有哪些问题) *To overcome the shortcomings of these methods, a physics-informed hidden Markov model (PI-HMM) proposed in this study fully integrates the advantages of the above two methods.* (为了解决这个问题,作者说明做了哪些工作,提出了物理信息马尔可夫模型) *Firstly, the model constrains the division of hidden states through the tool wear physical model to improve the physical consistency of the model. Secondly, according to the process parameters and the labels generated by the tool wear physical model, the training set is expanded to solve the problem of insufficient training data of the data model. Finally, the influence of real-time features is added to the established wear state output model and the physical data fusion training strategy is used to train the model to realize the classification of tool wear state and the regression of wear value.*（这一部分作者介绍了信息马尔可夫模型计算过程，首先，……其次，……最后，……）*The experimental results show that the proposed model in this study achieves an average recognition rate of 0.995 for wear classification and an average coefficient of determination (R2) of 0.968 for wear regression.*（实验结果表明，本研究提出的准确率为多少，回归平均决定系数为多少。这一部分是论文的主要结论）

例 3

The faults of harmonic reducers result in excessive vibration affecting the joint stabilization of industrial robots and manufacturing quality.（谐波减速器故障导致振动过大，影响工业机器人的关节稳定性和制造质量。作者介绍了背景）*In-situ fault diagnosis of harmonic reducers can avoid the disassembly of industrial robots to reduce the downtime of production lines. Compared with disassembly diagnosis in an experimental environment, in-situ signals for diagnosis are more complex due to the multi-scale characteristics of harmonic reducers and industrial noise interference.*（谐波减速器的原位故障诊断和实验环境诊断之间的区别，引出原位故障诊断的难点）*In this paper, an in-situ fault diagnosis method via the multi-scale mixed convolutional neural networks (MSMCNN) model is proposed. The MSMCNN model with the multi-scale feature extraction ability is specially designed for the harmonic reducer of multi-joint industrial robots with multi-scale characteristics, which can extract more comprehensive and complementary fault features from complex in-situ multi-channel signals with industrial noise. Integrated experiments are performed on real industrial robot datasets and public disassembling part datasets for assessing and analyzing the effectiveness of the proposed method.*（为了解决原位故障诊断的问题，作者提出了一种基于多尺度混合卷积神经网络模型，具有……特点）*The experiment results show that the MSMCNN achieves 97.08% and is superior to classical and some state-of-the-art congener DL methods in terms of diagnosis accuracy.*（这一部分作者给出了主要的结论，诊断准确率达到 97.08%，高于目前经典的深度学习算法）

通过这三个例子可以发现，几位作者的摘要都很简短，而且包含背景、问题、解决方案和主要的结论。

6.9 Acknowledgments

Acknowledgments 放在结论之后、References 之前，用来感谢项目的资助单位以及对论文的实验和写作部分有贡献的作者，也可以写有贡献的前人。有的期刊需要标注出各个作者对文章的贡献。

例 1

This work was supported by the Basic and Applied Basic Research Fund of Guangdong Province (Grant No. 2020B1515120010).

例 2

This research is partially funded by the Mainland-Hong Kong Joint Funding Scheme (MHX/001/20), Innovation and Technology Commission (ITC), Hong Kong Special Administration Region, National Key R&D Programs of Cooperation on Science and Technology Innovation with Hong Kong, Macao and Taiwan (SQ2020YFE020182), Ministry of Science and Technology (MOST) of the People's Republic of China, Centre for Advances in Reliability and Safety (CAiRS) admitted under AIR @InnoHK Research Cluster, and the Shanghai Rising-Star Plan (Yangfan Program) from the Science and Technology Commission of Shanghai Municipality (22YF1400200).

例 3

C. Cooper acknowledges support provided by the National Science Foundation Graduate Research Fellowship under Grant No. 1937968. R. Gao and Y. Guo acknowledge support provided by the National Science Foundation under award No. CMMI-2040288/2040358. The authors thank Mr. J. Zhang at Case Western Reserve University for his helpful input in revising this paper.

6.10 References

References 是论文的参考文献部分，不同期刊对参考文献的要求格式也不同，作者务必严格参考目标期刊的格式去修改参考文献。在进行文献管理的时候要注意保存自己所引用的参考文献，一般参考文献主要在引言部分引用。英文期刊论文的参考文献相对中文期刊论文要多一些。通常能达到 40 篇甚至更多，有一些综述类论文的参考文献可达上百篇。

1）文献在论文里面的引用方式

（1）在括号内引用。

如：(1) 或 [1]，

The method was developed by Smith's group [1].

The method was developed by Smith's group (1).

当在句尾引用时通常在标点符号“，”和“．”之前。

（2）引用的数字在右上角。

如：*The method was developed by Smith's group*[1].

(3) 在论文中通过论文第一作者的名字和论文发表年份来标注引用。

例如(*Zhang*, *2023*)或者(*Xie*, *2022*; *Xu*, *2023*),这种格式也是一种常用的学术写作和应用规范。

2) 常见的 SCI 的引用格式

(1) APA 格式。该格式是一种常见的参考文献格式,主要分为两个部分:文献引用和文献列表。在 APA 格式中,文献引用的格式通常为作者姓氏、文章标题、杂志名称、卷号(期号)、页码。例如:*Smith, J. (2015). The influence of climate change on agriculture. Science, 347(3), 1278 -1283*。

(2) MLA 格式。该格式主要应用于人文社会科学领域。MLA 格式的文献引用包括作者姓氏、文章标题、出版年份和页码。例如:*Johnson, T. (2016). The role of libraries in modern society. Library Trends, 65(1), 100 -110*。

(3) Chicago 格式。该格式分为 Chicago Manual of Style 和 Chicago Notes and Bibliography 两种类型。在 Chicago APA 格式中,文献引用的格式通常为作者姓氏、文章标题、杂志名称、卷号(期号)、页码。例如:*Jones, A. (2017). The impact of social media on political campaigns. Journal of Political Marketing, 16(3), 233 -247*。

(4) IEEE 格式。该格式主要应用于电气工程和计算机科学领域。IEEE 格式的文献引用包括作者姓氏、文章标题、出版年份和卷号(期号)。例如:*Wang, L., & Chen, G. (2018). Design and implementation of a smart grid system. IEEE Transactions on Smart Grid, 10(4), 3425 -3434*。

3) 其他一般 SCI 的格式范例

(1) 期刊类。

[序号]作者. 篇名[J]. 刊名,出版年份,卷号(期号):起止页码.

Heider, E.R., D.C.Oliver. The structure of color space in naming and memory of two languages [J]. Foreign Language Teaching and Research, 1999, (3):62 -67.

(2) 专著类。

[序号]作者. 书名[M]. 出版地:出版社,出版年份:起止页码.

Gill, R. Mastering English Literature [M]. London: Macmillan, 1985: 42 -45.

(3) 报纸类。

[序号]作者. 篇名[N]. 报纸名,出版日期(版次).

French, W. Between Silences: A Voice from China[N]. Atlantic Weekly, 1987 -8 -15(33).

(4) 论文集。

[序号]作者. 篇名[C]. 出版地:出版者,出版年份:起始页码.

Spivak, G. "Can the Subaltern Speak?"[A]. In C. Nelson & L. Grossberg(eds.). Victory in Limbo: Imigism [C]. Urbana: University of Illinois Press, 1988, pp.271 -313.

Almarza, G.G. Student foreign language teacher's knowledge growth [A]. In D. Freeman and J.C.Richards (eds.). Teacher Learning in Language Teaching [C]. New York: Cambridge University Press. 1996. pp.50 - 78.

6.11 论文的时态

论文的时态用得最多的有四种：①一般现在时：描述事实、规律、概况现象等。②一般过去时：叙述方法和过去发生的事。③现在完成时：描述过去发生的事情对现在的影响。④一般将来时：用于介绍尚未进行或将要进行的工作、研究、实验等。

1）一般现在时（*present tense*）

（1）用于陈述事实。现在时一般用于表达事实陈述或一般真理。例如：

DNA is composed of four nucleotides.（DNA是由四种核苷酸组成的）

（2）用于介绍当前论文中的要素。一般现在时普遍用于指出本论文的内部要素（例如图、表、方程式、部分、章节等）。例如：

Fig. 1 shows a typical X-ray diffraction pattern of MgB_2 *taken at room temperature.*（图1显示了室温下 MgB_2 的典型X射线衍射图案）

The data are the means ± SEs of three replications.（数据是三次重复的平均数±标准误差）

（3）用于陈述研究结果。有些时候，一般现在时可用于报告所描述的研究结果。例如：

Our results indicate that the bisecting K-means technique is better than the standard K-means approach.（我们的结果表明，二分K-均值技术比标准K-均值算法更好）

We find that the polygenic risk score for birth weight is a powerful instrument and that the causal effect of birth weight on adulthood income is mediated by height.（我们发现，出生体重的多基因风险分数是一个强有力的工具，出生体重对成年后收入的因果效应是由身高介导的）

需要指出的是，当（主句中）使用现在时态来介绍所描述研究的结果发现时，在介绍研究发现本身时（从句中）可以使用现在时态或过去时态。值得注意的是，这两种动词时态之间的区别主要在于：现在时一般用于表达事实陈述或一般真理，而过去时则用于表达过去发生的事情（也许是短暂的），但没有被证明是永远真实的（即普适性的事实）。例如：

Our results demonstrate that SNS1 is phosphorylated by OST1.（我们的研究结果证明，SNS1被OST1磷酸化了）

In this paper, a data-driven methodology of PDA for the harmonic reducer is proposed. A test rig was established to collect the condition data during the degradation of the harmonic reducer.（本文提出了一种谐波减速器的数据驱动PDA方法。建立了谐波减速器退化实验平台，采集了谐波减速器退化过程中的状态数据）

上面例子中两种动词时态的用法都是可以接受的。其中，第一个例子使用现在时(is)，表示该研究的研究人员发现 SNS1 是(而且似乎总是)被 OST1 磷酸化；而在第二个例子中使用过去时(was)，则表示作者的谐波减速器退化实验是之前建立的。但这可能只是在当时开展研究时发生了一次或几次(发生在过去)，可能是暂时的或并不总是这样的，目前可能还不足以上升为普适性的事实或结论。如此区别需要读者仔细品味、揣摩。

(4) 用于介绍已发表的研究工作。在介绍以前发表的研究工作时，尽管看似涉及过去，但在某些时候，也可能用到一般现在时。在这种情况下，一般表明它仍然有效。例如：

Kilgallen's assay results demonstrate the highest recorded sensitivity and specificity to date. (Kilgallen 的检测结果显示了迄今为止最高的灵敏度和特异性记录)

2) 一般过去时(*past tense*)

(1) 用于叙述研究方法。过去时表达的是在过去某一特定时间发生的行动或状况。因此，科学论文中常使用一般过去时来对文中所描述的研究方法和程序进行叙述。例：

We measured the response times of each of the participants. (我们测量了每个参与者的反应时间)

(2) 用于陈述研究结果。一般过去时也常用于报告所描述的研究结果。例如：

We found no differences for either gender or age. (我们发现性别或年龄都没有差异)

此外，请注意在陈述研究结果时，使用现在时态或过去时态的区别。

(3) 用于介绍已发表的研究工作。有些时候，一般过去时可用于指所有以前发表的研究工作，或仅指以前发表的、现在主要具有历史价值的研究工作。例如：

In their article, Northup and Miller (1985) reported a high rate of mortality among children younger than 5 years of age. (Northup 和 Miller(1985)在他们的文章中报告了 5 岁以下儿童的高死亡率)

3) 现在完成时(*present perfect tense*)

用于介绍已发表的研究工作。现在完成时("have"+动词的过去分词)表示过去完成但与现在有关的行动。因此，现在完成时可用来指以前发表的且继续具有重要性的研究工作。例如：

Several studies have demonstrated that a gradual increase in the carbon dioxide concentration during the first 10 days of incubation in an airtight incubator altered the albumen characteristics, enhanced embryo growth, stimulated early hatching, increased hatchability and improved post-hatch growth. (一些研究表明，在密闭孵化器中孵化的前 10 天，二氧化碳浓度的逐渐增加改变了白蛋白的特性，增强了胚胎的生长，刺激了早期孵化，提高了孵化率，改善了孵化后的生长)

当介绍已发表的研究工作时，可能用到一般现在时、一般过去时或现在完成时。主要区别体现在：当使用一般现在时时，表示所介绍的研究内容(尽管发表于过去)但至今仍然有效；当使用一般过去时时，则单纯表示过去；而对不少科研论文来说，当在诸如"引言

(Introduction)”“讨论(Discussion)”等部分介绍研究进展时，可能往往更侧重于突出过去已发表的研究工作对现在产生的影响或与现在有关，那么在这种情况下，使用现在完成时则可能更为恰当。

4）一般将来时(*future tense*)

用于介绍尚未进行或将要进行的工作、研究、实验等。当作者想描述他们尚未进行或后续将要进行的工作、研究或实验等时，可使用将来时；当作者在描述假设、未来的研究工作或基于其研究结果的应用时，有时也可能用到将来时态；偶尔也会在提到预测的事件时使用。由此可见，一般将来时往往可能出现在论文的“讨论”部分及其展望中。例如：

Future studies will mainly focus on exploring the molecular mechanisms underlying their interaction. (未来的研究将主要集中在探索它们相互作用的分子机制)

Predicted drought shortages due to climate change will influence agriculture by reducing crop yields, thus affecting food availability. (预测气候变化导致的干旱将通过减少作物产量影响农业，从而影响粮食供应)

6.12　英文期刊选择及投稿

1）英文期刊的选择

通常注意以下几点：

(1) 选择 SCI 期刊时，要了解期刊的声誉和影响因子。声誉较高的期刊通常具有更高的学术质量，而影响因子则反映了期刊的影响力和论文的引用率。对于期刊的分级常采用中国科学院的分区和影响因子(IF)。

(2) 要确保论文的主题、内容与期刊的范围、主题匹配。这样可以增加论文被接受的机会，因为期刊通常只接受与其主题和范围相关的稿件。

(3) 了解期刊的审稿周期和接受率。这样有助于判断该期刊是否适合自己的研究。审稿周期过长或接受率过低的期刊可能不太适合自己的研究，而审稿周期较短且接受率较高的期刊可能更适合。

(4) 了解期刊的同行评审过程。这可以帮助自己评估该期刊的学术质量和对研究论文的严格程度。同行评审过程是评估论文质量的重要环节，有助于确保发表的论文具有较高的学术水平。

总之，SCI 期刊选择是一项重要的任务，需要仔细评估和计划。通过了解期刊的声誉、匹配论文主题、了解审稿周期、了解同行评审过程、遵循投稿指南、进行语言润色和格式化以及寻找合适的导师或顾问，可以帮助找到合适的 SCI 期刊。

常用的期刊查询网站有：https://www.letpub.com.cn/(letpub 网站)；https://muchong.com/bbs/index.php(小木虫论坛)；https://www.fenqubiao.com/(中国科学院文献情报中心期刊分区表)；https://jcr.clarivate.com/jcr/browse-journals(美国 Journal

Citation Reports)。

登录这些网站可以查询期刊的最新分区,在小木虫和 Letpub 论坛还可以看到一些作者的投稿经验。有时候还需要关注:期刊是否 OA,收费标准是多少;每年刊文量。以及查看论文的审稿周期是多久,太长的应避免。在这些网站还可以找到官方的网址。

2) 英文期刊的投稿

在选定期刊后,需要进入期刊官网注册账户。进入杂志官网首页,打开 submit paper,以通讯作者的身份注册一个账号。以 author login 身份登录,按照提示依次完成 Select Article Type、Enter Title、Add/Edit/Remove Authors、Submit Abstract、Enter Keywords、Select Classifications、Enter Comments、Request Editor、Attach Files 等步骤。

查看期刊的 aims & scope,以 *Mechanical Systems and Signal Processing* 期刊为例,该期刊的 aims & scope 如下:

Mechanical Systems and Signal Processing (MSSP) is essentially an engineering dynamics journal. It aims to publish the results of high-quality research characterised by the originality of the science and its significance in terms of advancing the methods and procedures of signal processing and related topics in mechanical, civil and aerospace engineering. (《机械系统与信号处理》(MSSP)本质上是一本工程动力学期刊。它旨在发表高质量的研究成果,其特点是科学的原创性及其在推进信号处理方法和程序以及机械、土木和航空航天工程相关主题方面的意义)

如果论文是关于信号处理的一些方法,尤其是在机械、土木和航空航天工程主题方面的论文可以投稿此期刊。

阅读目标期刊的投稿指南(Guide for authors),通过了解期刊的投稿要求,如是否需要提供"Short title"、摘要的字数限制与格式、关键词数量限制、论文组成部分以及关于医学类论文的伦理批准书和参试者知情同意书等宣示写法或证明要求等。

以 *Mechanical Systems and Signal Processing* 期刊为例,该期刊的 Guide for authors 如下:

Mechanical Systems and Signal Processing (MSSP) is an interdisciplinary journal in Mechanical, Aerospace and Civil Engineering with the purpose of reporting scientific advancements of the highest quality arising from new techniques in signal processing and related topics in engineering dynamics. MSSP papers are expected to make a demonstrable original contribution to engineering knowledge, which should be significant in terms of advancement over established methods. Especially sought are papers that include both theoretical and experimental aspects, or that include theoretical material of high relevance to practical applications. Scope of MSSP

The scope of MSSP encompasses the following topics:

- *Machine and structural health monitoring*

- *Control of vibrations and noise*
- *Structural or modal identification*
- *Nonlinear vibrations*
- *Non-stationary and random vibrations*
- *Rotor dynamics*
- *Acoustics, waves and SEA*
- *Uncertainty quantification*
- *Signal processing in manufacturing/machining*
- *Powertrains and drivetrains*

The following research areas are outside the scope of MSSP:

- *Multi-body dynamics and robotics, including control of robots*
- *Control of vehicles*
- *Theoretical control - papers better suited to a specialist controls journal*
- *Theoretical nonlinear dynamics without experimental validation*
- *Uncertainty quantification with no clearly defined relevance to engineering dynamics*

……

通过阅读 *Mechanical Systems and Signal Processing* 期刊的 Guide for authors，可以发现期刊收稿的主题范围、Cover letter、Abstract 和 Introduction 要求，还包含了对论文通信作者的要求以及对论文图表、关键词、脚注等的要求。

根据期刊的投稿指南，作者需要按照规定的格式与要求编写 SCI 论文稿件。包括标题、摘要、关键词、引言、方法、结果、讨论、结论、参考文献等部分。同时，需要准备 Cover Letter、Author Statement、Title Page、Conflicts of Interest、Manuscript、Supplementary Material、Figures、Tables 等相关材料。核对信息无误后，到投稿主页 approve submission 或直接 submit。

3) Cover Letter 撰写

在投稿的时候有一些期刊会要作者附上 Cover Letter。在信中要简要描述论文的创新点和意义、为什么要投稿给这个期刊，有时还要推荐一些审稿专家，并对审稿专家的信息做一些披露。需要注意的是，Cover Letter 不能照抄摘要和结论。

模板 1

Dear [Editor's Name],

I am writing to submit my manuscript entitled "[Manuscript Title]" for consideration in your esteemed journal. I believe that this manuscript meets the criteria and scope of your journal and would contribute significantly to the field.

In this manuscript, I aim to address the importance and current challenges in [specific field/topic]. I hope that through this study, we can gain a better understanding of [specific field/topic] and its applications in practice.

I have enclosed the manuscript for your review. Please let me know if you require any further information or materials from me.

Thank you for considering my submission. I look forward to hearing from you soon.

Best regards,

[Your Name]

模板 2

Dear [Editor's Name],

I am writing to submit my manuscript titled "[Manuscript Title]" for potential publication in your journal. I believe that this work aligns well with the objectives and scope of your publication and has the potential to make a significant impact in the field.

In this manuscript, I present novel findings in [specific field/topic] and detail their implications for theory and practice. I hope that this work will contribute to the advancement of knowledge in this area and promote further discussions and collaborations among researchers.

Please find enclosed the manuscript for your thorough consideration. I am also prepared to provide any additional materials or information you may require.

Thank you for your time and consideration. I look forward to receiving your feedback on my submission.

Best regards,

[Your Name]

模板 3

Dear [Editor's Name],

I am writing to submit my manuscript titled "[Manuscript Title]" for publication in your esteemed journal. After carefully evaluating the scope and objectives of your journal, I am confident that my work aligns well with its aims and could contribute significantly to the field.

This manuscript presents original research on [specific field/topic] and outlines its relevance to current issues and challenges in the field. I believe that this work offers valuable insights and advancements in knowledge that are important for the scientific community.

I have enclosed the manuscript for your review, along with any supplementary materials or data sets that you may require. Please let me know if there is any additional information that I can provide to facilitate the review process.

Thank you for considering my submission. I look forward to hearing from you soon.

Best regards,

[Your Name]

模板 4

Dear [Editor's Name],

I am writing to submit my manuscript titled "[Manuscript Title]" for publication consideration in your journal. After carefully examining the scope and focus of your publication, I believe that my work aligns well with its objectives and could contribute significantly to the field.

This manuscript presents novel findings on [specific field/topic] and outlines their implications for theory, practice, and policy. I hope that this work will contribute to enhancing our understanding of [specific field/topic] and spark further discussions and collaborations among researchers.

Please find enclosed the manuscript for your review, along with any supplementary materials or data sets that you may require. I am also prepared to provide any additional information or materials that you may need from me.

Thank you for considering my submission. I look forward to receiving your feedback on my work.

Best regards,

[Your Name]

模板 5

Dear [Editor's Name],

I am writing to submit my manuscript titled "[Manuscript Title]" for publication consideration in your esteemed journal. After carefully evaluating your criteria for publication, I believe that my work meets the requirements and would make a valuable addition to the existing literature on [specific field/topic].

This manuscript presents original research on [specific field/topic] and aims to advance our understanding of its underlying mechanisms and implications for practice. I hope that it will contribute to further discussions and research in this area.

Please find enclosed the manuscript for your review, along with any supplementary materials or data sets that you may require. If there is any additional information that you require from me, please let me know.

Thank you for considering my submission. I look forward to hearing from you soon.

6.13 论文返修及答复

6.13.1 论文返修

1）投稿过程中的状态

大部分论文都需要经过修改才可以发表，首先需要了解一下投稿过程中的若干个状态。

状态1：Manuscript Submitted (Submitted to journal)。该状态仅在投稿初期显示，其代表文章已经被期刊所接收。接下来就是由期刊编辑人员对文章进行排版检查内容、查重等，一般符合要求的会被分配给期刊编辑进行处理。

状态2：Awaiting admin processing。这一步就是对接上面，即等待相关负责的编辑处理。主要也是看所投SCI论文的稿件资料是否齐全，或根据要求需要作者提交补充相关材料。很多期刊会在系统显示Manuscript Submitted时完成该步骤。

状态3：Editor Invited。该阶段并不是所有的SCI论文投稿的期刊都有，这个状态是表示论文已经转给编辑，正在等待编辑接受。

状态4：With Editor。表示编辑已经接受和负责处理该篇SCI论文投稿，这时编辑已经初步看过论文，如果论文适合期刊就会送交同行评审；如果论文与期刊范畴不相符或没达到期刊标准，那么就可能会退回给作者，这时状态就有可能变成Decision in Process。此外，也可能会出现Editor Assigned，表示该篇SCI论文投稿的稿件已经分配给某位主编或副主编负责。最后还有可能会出现Editor Declined Invitation，表示该编辑拒绝邀请，此时编辑会重新分派给其他编辑处理。

状态5：Reviewer Invited。编辑已经送出该篇SCI论文的审稿邀请，等待审稿人接收中。有时该状态可能会维持一段时间后又变回With Editor，这有可能是审稿人拒绝审稿，编辑需要再另外寻找审稿人。

状态6：Under Review(Peer review)。即审稿人正在审稿。此时论文是由同行评审进行外审，由于审稿人是无偿工作的，因此这一过程持续的时间可能会较长。如果被邀请的审稿人取消审稿，就会出现Decline，编辑会重新邀请别的审稿人。同行评审是SCI论文审稿中耗时最久，也是影响杂志社决定最关键的环节。

状态7：Required Reviews Complete。表示审稿意见已经返回给编辑，等编辑处理。有时候，编辑在看完审稿报告后可能会觉得需要邀请其他审稿人进行审稿。此时，系统的状态就有可能再度变成Under Review。

状态8：Decision in Process。表示编辑正在根据审稿意见对文章进行决策。必要时，编辑会在此阶段与编辑部的其他成员商讨，一旦出现这个状态，SCI论文投稿作者一般会在几天之内收到通知。

状态9:Reject。这一稿件状态是很多作者不愿看到的,因为是审稿人看过内容或者审稿意见后做出的决定,表示拒绝该篇SCI论文投稿。这其实也是最常见的状态,很多知名期刊拒稿率可达90%。

状态10:Major Revision(大修)。表示需要对稿件进行大量的修改,说明文章存在的问题较大。一定要认真、严格按照意见修改,如果审稿人对修改后的稿件不满意,是可能会被拒绝的。

状态11:Minor Revision。表示需要进行少量的修改,即小修,说明文章问题不大,但也不能掉以轻心,也要根据审稿人给出的修改意见认真进行修改。

状态12:Revised Manuscript Submitted。就是结合以上修改后进行返回修改的稿件,意味着作者已经递交修改稿,现等待期刊检查排版。

状态13:Accept。这一状态是绝对让所有作者感到高兴的,是说明文章通过了所有的审稿阶段,决定接受该篇SCI论文投稿的稿件。

SCI论文的发表过程是漫长又复杂的,被拒稿、反复修改等环节是很常见的,毕竟发表是有一定难度的。因此,大家一定要认真对待,打磨好文章,耐心等待审稿。

论文最好的结果是可以直接发表,但需要重修。重修可能是小修也可能是大修。无论如何,修改后的稿件大概率会被期刊接收并发表。当修改意见回来后,作者应该对照审稿人的意见进行修改,尽量不做多余的改动。在修改的过程中,将修改的部分标成红色,便于审稿人查阅。

2) 审稿人意见分类

稿件重修需要认真分析审稿人的意见,审稿人意见一般分为以下几类:

(1) 要求补充实验和数据。审稿专家认为目前的数据不能够很好地支撑论文的结论。

(2) 要求改进章节的表述。审稿人对某个章节比如Abstract、Introduction、Methods、Discussion、Conclusion等,要求改进写作内容。比如增加或删掉摘要的某些内容,重新总结论文的结论,提高论文的逻辑或突出研究的意义。

(3) 要求改善实验和数据的表述。对于实验过程审稿人可能存在疑虑,可能某一些描述不清楚。

(4) 要求提高英语水平,请英语为母语的专家审稿改正。论文可能需要润色,也可以找一些专业的人去修正自己的语法。

(5) 要求降低论文重复率,如果重复率过高,编辑会被要求降低重复率。

这些意见中最难的是需要补充实验和数据。作者要根据审稿专家的意见一一修改论文的表述。在修改的时候一起撰写修改说明(Response Letter)。

6.13.2 论文答复

答复信可以参考以下几个模板:

模板 1

Dear editor,

Thank you for your letter regarding my manuscript titled "[Manuscript Title]." I appreciate the comments and feedback provided by the reviewers.

In response to the reviewers' comments, I have addressed each point and made the necessary changes to the manuscript. I have also made the required modifications to the experimental design and have included additional data to support the conclusions.

I believe that the changes made to the manuscript have improved its overall quality and have addressed the concerns raised by the reviewers. I am confident that the revised manuscript will meet the publication criteria of your journal.

Thank you again for the opportunity to revise my manuscript. I look forward to hearing from you soon.

Best regards,

[Your Name]

模板 2

Dear [Editor],

I am writing in response to your letter regarding my manuscript titled "[Manuscript Title]." I appreciate the feedback provided by the reviewers.

I have carefully considered each comment made by the reviewers and have made significant changes to the manuscript. I have addressed all of the concerns raised, including those related to the experimental design, data analysis, and language usage. I have also included additional data to support the conclusions.

I believe that these changes have significantly improved the quality of the manuscript and have addressed the reviewers' concerns. I am confident that the revised manuscript will meet the publication criteria of your journal.

Thank you again for your comments and feedback. I look forward to hearing from you soon.

Best regards,

[Your Name]

模板 3

Dear [Editor],

I am writing in response to your letter regarding my manuscript titled "[Manuscript Title]." I appreciate your comments and feedback.

I have addressed each point raised by the reviewers and made significant changes to the manuscript. I have also made modifications to the experimental design and data analysis to address the concerns raised. The revised manuscript includes additional data to support the conclusions.

I believe that these changes have significantly improved the quality of the manuscript and have addressed the reviewers' concerns. I am confident that the revised manuscript will meet your publication criteria.

Thank you again for your comments and feedback. I look forward to hearing from you soon.

Best regards,

[Your Name]

模板 4

Dear [Editor],

I am writing in response to your letter regarding my manuscript titled "[Manuscript Title]." I appreciate your comments and feedback.

I have addressed each point raised by the reviewers and made significant changes to the manuscript. I have also made modifications to the experimental design, data analysis, and language usage to address their concerns. The revised manuscript includes additional data to support my conclusions.

I believe that these changes have significantly improved the quality of my submission and have addressed the reviewers' concerns. I am confident that the revised manuscript will meet your publication criteria.

Thank you again for your comments and feedback. I look forward to hearing from you soon.

Best regards,

模板 5

Dear editor:

We appreciate your positive and constructive suggestions on our manuscript. All revisions are color marked in the revised manuscript. The point-by-point responses and revision details are listed below. Thank you very much for your time and efforts on our manuscript and your kind consideration!

Sincerely,

×××

参考文献

[1] 教育部科学技术委员会学风建设委员会. 高等学校科学技术学术规范指南[M]. 北京：中国人民大学出版社，2017.

[2] 邹丽娟，张伟，傅金兰. 大学生毕业论文写作指导[M]. 长沙：中南大学出版社，2021.

[3] 周文辉，赵军. 专业学位论文写作指南[M]. 北京：中国科学技术出版社，2019.

[4] 高小和，汲安庆. 学术论文写作[M]. 南京：南京大学出版社，2022.

[5] 高增霞. 高级汉语写作：论文写作[M]. 广州：暨南大学出版社，2019.

[6] 张俊东，杨亲正，国防. SCI 论文写作和发表：You Can Do It [M]. 3 版. 北京：化学工业出版社，2023：4－43.

[7] WANG Y, XU Y, YU Z, et al. Color-patterned fabric defect detection based on the improved YOLOv5s model [J]. Textile Research Journal, 2023, 93(21－22): 4792－4803.

[8] XIE G, XU Y, XU P, et al. Chatter stability analysis of a six-axis milling robot [J]. International Journal of Advanced Manufacturing Technology, 2023, 125(7－8): 3551－3561.

[9] HE Y M, CHEN J H, ZHOU X, et al. In-situ fault diagnosis for the harmonic reducer of industrial robots via multi-scale mixed convolutional neural networks [J]. Journal of Manufacturing Systems, 2023(66): 233－247.

[10] ZHU K, LI X, LI S, et al. Physics-informed hidden markov model for tool wear monitoring [J]. Journal of Manufacturing Systems, 2024(72): 308－322.

[11] TANG L F, FENG L, AXELSSON T, et al. A deep learning based sensor fusion method to diagnose tightening errors [J]. Journal of Manufacturing Systems, 2023(71): 59－69.

[12] 杨杨. 学术论文参考文献的 8 个常见问题[EB/OL]. (2020－11－25)[2024－02－28]. https://zhuanlan.zhihu.com/p/311706606.

[13] 朱旭东. 学位论文开题报告研究[J]. 学位与研究生教育，2010(1)：1－4.

[14] CREMIN L A. Public Education[M]. New York: Basic Books, 1976.

[15] 李润洲. 博士学位论文开题报告"问题空间"的建构[J]. 学位与研究生教育，2019(9)：11－15.

[16] 张红. 撰写研究生开题报告的技巧与方法[J]. 浙江中医药大学学报，2004，28(5)：78－

79.
[17] 阿迪拉·艾山,秦洁.加强选题和开题报告管理,提高研究生学位论文质量[J].新疆医科大学学报,2009,32(10):1526-1528.
[18] 曹正善.论开题报告的逻辑结构[J].学位与研究生教育,2008(1):9-12.
[19] 辛逸,黄延敏.开题报告质量控制的程序与要素[J].中国高教研究,2010(5):30-32.
[20] 杨昌斌.基于毕业论文开题报告的文献信息检索课教学[J].图书馆学研究:应用版,2011(6):7-9.
[21] 王利敏,吴玉程.研究生开题报告管理中的若干问题及建议[J].中国研究生,2007(8):1-2.
[22] 周利民,宋成文,李明.如何指导研究生作好开题报告[J].学理论,2011(4):186-187.
[23] 李艳,董良飞.试论撰写研究生开题报告的技巧与方法[J].江苏工业学院学报:社会科学版,2007,8(2):103-105.
[24] 金文正.做好学位论文开题报告与文献综述的步骤与方法[J].中国科教创新导刊,2014(13):105-106.
[25] 李德煌,阮秀华.谈科研课题开题报告的撰写[J].福建教育学院学报,2004(1):77-79.
[26] 乔孝冬.怎样才能写好开题报告的文献综述[J].应用写作,2013(11):35-39.
[27] 谭世明.研究生开题报告与学位论文写作[J].人力资源管理,2011(11):134-135.
[28] 史晓林,李春雯.提高研究生开题报告质量[J].教育教学论坛,2020(29):95-97.
[29] 王雪.科技期刊英文摘要写作常见的语言问题及撰写技巧[J].继续医学教育,2016,30(5):23-25.
[30] [佚名].科技论文关键词撰写规范[J].电力机车与城轨车辆,2023,46(3):62.
[31] 韩景春,栗延文,游小秀.科技期刊学论文选题思路与写作技巧[J].编辑学报,2023,35(1):103-108.
[32] 本刊编辑部.科技论文中数字的撰写格式要求[J].环境卫生学杂志,2023,13(2):133.
[33] 郭玲.学术论文撰写应注重的几点规范要求[J].武汉轻工大学学报,2022,41(6):83-86.
[34] [佚名].论文撰写规范[J].中国病毒病杂志,2022,12(5):389.
[35] 戴新宇.科技期刊编辑如何撰写论文修改建议[J].科技编辑出版研究文集,2022(0):98-101.
[36] 本刊编辑部.科技论文中量、单位的撰写格式要求[J].环境卫生学杂志,2022,12(8):628.
[37] 方洪民,王彩红,李冠,等.撰写英语科技论文要追求语言简练[J].中国科技翻译,2022,35(3):16-20.
[38] 徐捷.如何撰写科技论文[J].染料与染色,2021,58(1):57-61.
[39] [佚名].科技论文"引言"撰写规范[J].信息技术,2020,44(10):86.
[40] 刘灵芝.怎样撰写科技论文[J].天津科技,2020,47(1):92-94,97.
[41] 郑一汶,王建康,孙家刚,等.一种新型层倍增器的设计及数值优化[J].机械工程学报,

2023,59(22):343－351.
[42] 谷平维,段彬,康永哲,等.基于随机充电数据的锂离子电池容量在线估计[J].机械工程学报,2023,59(22):100－110.
[43] 徐洋,李昂昂,盛晓伟,等.基于近场声全息的纺织装备高速运动机构噪声源识别[J].纺织学报,2019,40(4):129－134.
[44] 焦敬品,孙延东,李光海,等.基于声发射信号稀疏表示的铝合金板材拉伸过程识别方法[J].机械工程学报,2024,60(2):1－9.
[45] 张子煜.基于统计能量分析的簇绒地毯织机高频噪声抑制[D].上海:东华大学,2021.
[46] 尹显波.反作用轮的微振动特性与隔振技术研究[D].上海:东华大学,2024.
[47] 魏浩.基于深度学习的旋转机械故障诊断与剩余使用寿命预测方法研究[D].北京:北京化工大学,2023.